알쏭달쏭 오개념을 잡아라!

알쏭달쏭 오개념을 잡아라
구석구석 개념 톡, 과학 톡!

초판 1쇄 발행 2019년 4월 15일 ＼**초판 3쇄 발행** 2022년 2월 1일
글쓴이 서원호 안소영 ＼**그린이** 홍하나
펴낸이 이영선
책임편집 김문정
편집 이일규 김선정 김문정 김종훈 이민재 김영아 김연수 이현정 차소영 ＼**디자인** 김회량 위수연
독자본부 김일신 정혜영 김민수 박정래 손미경 김동욱
펴낸곳 파란자전거 ＼**출판등록** 1999년 9월 17일(제406-2005-000048호)
주소 경기도 파주시 광인사길 217(파주출판도시) ＼**전화** (031)955-7470 ＼**팩스** (031)955-7469
홈페이지 www.paja.co.kr ＼**이메일** booksea21@hanmail.net

ⓒ 서원호·안소영·홍하나, 2019
ISBN 979-11-88609-24-6 73400

이 도서의 국립중앙도서관 출판예정도서목록(CIP)은 서지정보유통지원시스템 홈페이지(http://seoji.nl.go.kr)와 국가자료공동목록시스템(http://www.nl.go.kr/kolisnet)에서 이용하실 수 있습니다.(CIP제어번호: CIP2019011717)

파란자전거는 도서출판 서해문집의 어린이 책 브랜드입니다. 페달을 밟아야 똑바로 나아가는 자전거처럼 파란자전거는 어린이와 청소년이 혼자 힘으로도 바르게 설 수 있도록 도와줍니다.

어린이제품안전특별법에 의한 제품 표시
제조자명 파란자전거 ＼**제조년월** 2022년 1월 ＼**제조국** 대한민국 ＼**사용연령** 만 9세 이상 어린이 제품

알쏭달쏭
오개념을
잡아라!

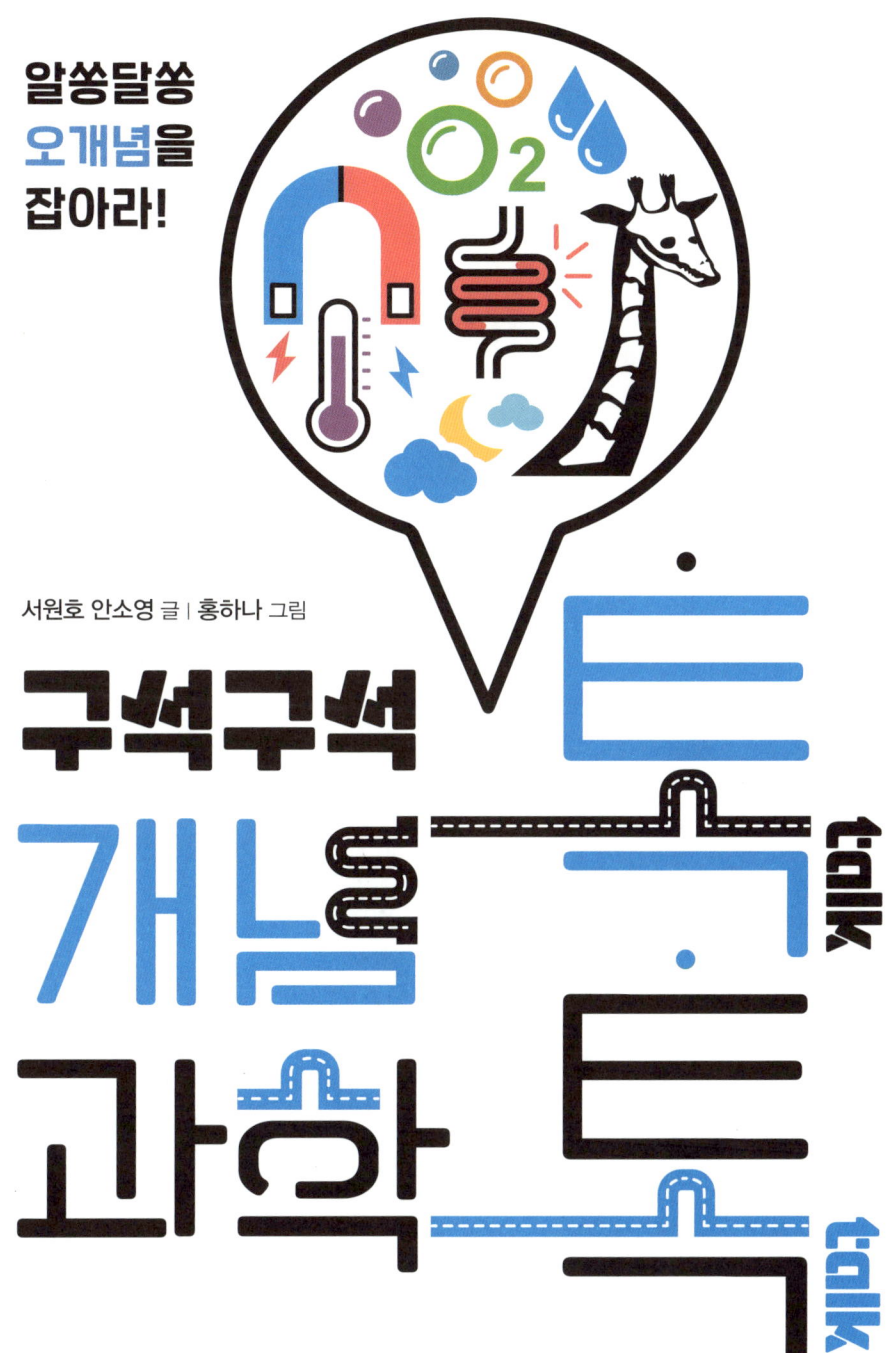

서원호 안소영 글 | 홍하나 그림

구석구석
개념
과학 톡톡
talk talk

파란자전거

글쓴이의 말

우리 옆에서 숨 쉬는
즐거운 과학과 만나 보세요!

　창문 너머로 유리 진열장을 가득 채우고 있는 실험 도구들, 그리고 의사 선생님들이 입을 법한 하얀 가운이 보이는 곳, 이곳은 어디일까요? 바로 과학실입니다. 여러분도 한 번쯤은 들러 보았을 학교 과학실의 모습이죠. 요즘은 천장에 별자리 판이 설치되어 있고 한쪽에 멋진 천체 망원경이 놓여 있는 곳도 있습니다. 여러분 학교의 과학실은 어떤 모습인가요? 학교마다 과학실의 풍경은 조금씩 다르겠지만, 많은 교실 중 가장 신비로운 곳은 역시 과학실이 아닐까 싶습니다.

　과학실에서는 흥미로운 실험이나 체험 수업이 많지요. 그중 지구본을 돌리며 해의 움직임을 관찰하는 실험, 액체에 지시약을 떨어뜨려 색깔을 변화시키는 실험, 폐와 근육의 움직임을 관찰하는 체험, 현미경이나 망원경으로 작은 세계와 멀리 있는 세상에 놀라워하던 체험 등이 떠오릅니다.

여러분도 한 가지쯤은 재미있었던 과학 실험이 떠오를 것 같네요.

그런데 과학 현상은 꼭 과학 실험실에서만 이루어지는 것일까요?
우리가 생활하는 순간순간 과학은 알게 모르게 우리에게 다가와 말을 겁니다. 다만 우리가 알아차릴 때도 있고, 느끼지 못할 때도 있지요. 그만큼 과학이라는 것은 우리가 매 순간 '숨 쉬는 공기처럼' 우리 생활과 밀접하게 연관되어 있습니다. 그래서 과학의 발달은 인간의 역사와 함께하고 있는 것이지요. 다만 과학실의 실험은 생활 속 다양한 현상들을 실험을 통해 과학적으로 증명함으로써 누구나 쉽게 이해할 수 있도록 도와줍니다.
여러분은 생활 속에서 과학을 얼마나 느끼고 있나요?
과학이라는 말에 움찔하지 말고, 선생님과 함께 천천히 생각해 봐요. '과학은 숨 쉬는 공기처럼'이라고 했으니……. 여기서 잠깐! 우리가 알고 있는 과학 상식을 떠올려 볼까요? "공기는 색깔이 없고, 냄새도 없으며, 우리가 숨을 쉴 때마다 우리 몸에 산소가 공급된다." 어때요? 선생님만 알고 있는 상식인가요? 아니죠. 그럼, 한 가지 더! 봄이면 따뜻한 바람과 함께 싹이 트고, 가을이면 찬바람과 함께 낙엽이 집니다. 이것도 과학이냐고요? 그럼요. 우리 주변의 모든 현상은 과학이라고 해도 과언이 아닙니다.

또 아침에 해가 동쪽에서 뜨고 서서히 서쪽으로 지고, 밤이 되면 달과 별이 뜨는 것은 대부분의 사람들이 알고 있어요. 이렇게 우리는 과학 현상 속에 살고 있으며, 우리의 삶이 곧 과학이지요. 아침에 해가 뜨면 일어나 생활하고, 해가 져서 어둡고 추워지면 따뜻한 집에 들어가 잠을 청합니다.

그렇다면 우리는 생활 속 과학 현상을 얼마나 잘 알고 있을까요?
우리는 생활하면서 자연스럽게 과학 상식들을 깨닫게 됩니다. 사람이 숨 쉬는 것, 해가 동쪽에서 뜨고 서쪽으로 지는 현상, 아침에 이슬이 맺히는 현상, 추운 날 아침이면 이슬이 얼어서 서리가 되는 현상, 냉장고에서 바로 꺼낸 컵 표면에 물이 생기는 현상 등 말이죠. 이렇게 우리가 생활하면서 접한 현상들 중에는 과학적으로 정확히 이해가 안 되는 경우나, 각자의 경험과 판단으로 오해하고 있는 것들이 많습니다. 가령 '달은 어느 쪽에서 뜰까요?'라고 묻는다면 '서쪽이요!'라고 대답하는 친구들이 많습니다. 해가 동쪽에서 뜨니, 달은 해와 반대로 서쪽에서 뜰 것 같으니까요. '별은 어디에서 떠서 어느 쪽으로 질까?' 하고 물으면 '별도 뜨고 지는 건가?' 하고 의아해하기도 한답니다. 별은 밤이 되면 어느 순간 짠 하고 우리 눈에 보이는 것이지 뜨고 지는 것을 보지 못했기 때문이지요.

그러나 걱정 마세요! 《구석구석 개념 톡, 과학 톡!》은 우리가 생활하는 공간에서 흔히 접하는 과학 오개념 사례, 자주 실수하는 과학 오개념 사례를 재미있는 이야기로 쉽고 정확하게 이해할 수 있도록 했습니다. 주인공 두람이와 동생 동인이, 그리고 절친 서연이와 강아지 몽이는 우리 주변에서 흔히 만날 수 있는 친구들입니다. 책 속의 친구들을 따라 우리 집과 우리 동네, 우리 학교와 캠핑장에서 벌어지는 일상 속으로 들어가 볼까요? 재미있는 이야기를 읽다 보면 어느새 우리들이 미처 깨닫지 못한 신기한 과학 상식을 저절로 알게 될 것입니다.

자, 두람이와 함께 과학 오개념을 깨러 떠나 볼까요?

2019년 3월
서원호, 안소영

차례

글쓴이의 말_ 우리 옆에서 숨 쉬는 즐거운 과학과 만나 보세요! … 4

제1장 **학교**는 재미있는 실험실

금속은 모두 자석에 붙을까? … 12
자석을 쪼개면 극이 하나일까? … 20
큰 소리일까, 높은 소리일까? … 28
씨가 싹트려면 햇볕만 필요할까? … 36
기린의 목뼈는 사람의 목뼈보다 많을까? … 41
고배율로 보면 세포를 더 많이 볼 수 있을까? … 49

스스로 실험실, 나는야 과학자! 작은 소리 큰 소리 … 59

제2장 우리 **집**에 숨어 있는 과학 오개념들

음식을 많이 먹으면 장까지 다 찰까? … 64
냉장고를 에어컨으로 쓸 수 있을까? … 73
얼음물이 가득 든 컵 속 얼음이 녹으면 물이 넘칠까? … 80
물에 녹은 설탕은 어디로 갔을까? … 87
모든 세균은 우리 몸에 해로울까? … 94
온도계 눈금은 간격이 같을까? … 101

스스로 실험실, 나는야 과학자! 액체 아파트 … 109

제3장 우리 동네는 살아 있는 실험실

- 낙뢰가 떨어질 때 나무 밑에 있으면 안전할까? ⋯ 114
- 산성비를 맞으면 대머리가 될까? ⋯ 124
- 떨어지는 빗방울 모양은 동그랄까? ⋯ 132
- 지렁이는 비를 좋아할까? ⋯ 141
- 움직이지 않으면 모두 식물일까? ⋯ 150

스스로 실험실, 나는야 과학자! 천둥소리 ⋯ 159

제4장 캠핑장은 신비로운 실험실

- 하루살이는 정말 하루만 살까? ⋯ 164
- 초승달은 서쪽에서 뜨는 걸까? ⋯ 170
- 밤에 빛나는 것은 모두 별일까? ⋯ 176
- 구름과 안개는 다를까? ⋯ 183
- 동쪽으로 부는 바람은 동풍일까? ⋯ 188

스스로 실험실, 나는야 과학자! 별자리 투영기 ⋯ 198

찾아보기 ⋯ 202

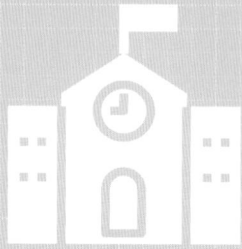

금속은 모두 자석에 붙을까?
자석을 쪼개면 극이 하나일까?
큰 소리일까, 높은 소리일까?
씨가 싹트려면 햇볕만 필요할까?
기린의 목뼈는 사람의 목뼈보다 많을까?
고배율로 보면 세포를 더 많이 볼 수 있을까?

금속은 모두 자석에 붙을까?

기나긴 겨울이 지나고 새 학기가 시작되었다. 따사로운 봄바람에 나뭇잎이 흔들리듯 두람이의 마음도 한껏 들떠 있었다. 드디어 저학년에서 벗어나 고학년이 된다는 게 너무 좋았다. 그리고 무엇보다 기대되는 건, 새로 오신 과학 선생님이었다. 이제 막 대학교를 졸업하고 왔는데, 아이들 말에 따르면 척척박사에다 신기하고 재미있는 이야기를 마구마구 쏟아 놓는다고 한다.

첫 과학 수업이 있는 날, 두람이는 어느 때보다 일찍 학교로 향했다. 다른 아이들도 두람이와 같은 마음이었는지 교실은 이미 시끌벅적했다. 드디어 과학 시간, 두람이네 반 아이들이 과학실에 모였다.

"붙였다 떼었다 할 수 있는 것은?"

수업이 시작되자마자 선생님이 질문을 던졌다.

아이들은 눈동자를 굴리며 서로 쳐다보았다.

"자, 답을 하는 사람에게는 상품이 있습니다."

선생님이 뭔가를 꼭 쥔 손을 흔들며 아이들을 부추겼다.

"저요! 찍찍이요. 여기 옷에 붙어 있어요."

앞쪽에 앉은 은서가 대답했다.

선생님은 엄지손가락을 치켜들었다.

반대쪽에서 서연이가 손을 들었다.

"선생님, 포스트잇이요. 이렇게 붙였다 뗄 수 있어요."

"와, 잘 찾네. 또 없을까요?"

선생님은 아이들을 죽 둘러보았다.

"손바닥이요. 여기저기에 붙였다 떼었다 할 수 있어요."

항상 기발한 생각과 재치 있는 말로 웃음을 주는 준혁이었다. 준혁이가 손으로 얼굴을 찌그렸다가 떼는 모습에 선생님과 아이들 모두 한바탕 웃었다.

"자, 힌트!"

선생님은 상품이 든 손을 다시 들어 보였다.

"이 안에 든 그것은 두 가지 성격을 한 몸에 갖고 있어서 잡아당겨 붙이기도 하고, 밀어내기도 합니다."

두람이는 머리를 손으로 감싸 쥐며 생각에 집중했다. 그때 불현듯 머릿속에 한 가지 물건이 떠올랐다.

"아! 혹시 빨간색, 파란색인가요?"

두람이가 뭔가 알겠다는 표정으로 질문했다.

"음, 대개는 그렇기도 하지만 아닌 것도 있어요."

"저요! 저요!"

정답을 눈치챘는지 아이들이 앞다투어 손을 들었다.
선생님은 미소를 지으며 큰 소리로 물었다.
"정답은?"
"자석!"
아이들이 한목소리로 외쳤다.
선생님은 손바닥을 천천히 펴서 자석을 보여 주었다.
"이번 시간에는 이 자석을 가지고 놀아 볼까 해요. 모둠 책상마다 여러 가지 물건들이 들어 있는 바구니가 놓여 있어요."
아이들은 궁금한 나머지 바구니로 손을 뻗었다.
"아직 물건을 꺼내지 마세요. 먼저 게임을 할 거예요."
게임이라는 말에 아이들이 귀를 쫑긋했다.
"자, 선생님이 여러분한테 자석과 실을 줄 거예요.

이것을 가지고 낚싯대를 만들어서 바구니에 있는 물건을 손대지 않고 꺼내는 거예요. 어때요, 할 수 있을까요?"

두람이가 바구니 안을 들여다보았다.

"선생님, 그런데 다 꺼내지는 못할 것 같아요."

"그래? 왜 그렇게 생각해?"

"자석에 붙지 않는 물건도 들어 있어요."

"그럼 친구들하고 함께 낚시 게임을 하면서 어떤 물건이 자석에 붙는지 찾아보자. 자석에 붙는 물건을 빨리 찾아내서 자석 낚시로 많이 꺼내는 사람이 이기는 게임. 시작!"

두람이와 반 아이들은 서둘러 자석을 실로 묶은 뒤 바구니에 넣고 낚시를 시작했다.

재빠른 준혁이가 먼저 자석을 가위에 가까이 댔다.

"아싸, 내가 일등이다. 선생님, 가위가 자석에 붙었어요."

서연이가 지지 않으려고 얼른 열쇠 가까이로 자석을 움직였다.

"저는 열쇠요!"

가위와 열쇠는 자석에 붙어 바구니 밖으로 딸려 나왔다.

두람이는 숟가락 쪽으로 자석을 옮겼다.

"어? 왜 안 붙지?"

자석을 숟가락에 이리저리 부딪혀 보았지만 소용없었다.

"이렇게 반짝이는 건 다 자석에 붙는데? 이상하다."

두람이가 숟가락과 씨름하고 있는 사이 준혁이는 두 번째 물건을 꺼내며 소리쳤다.

"와, 음료수 캔도 꺼냈다!"

"두람아, 저기 클립."

서연이가 속삭이며 다른 아이들이 눈치채지 못하게 클립을 가리켰다.

두람이가 얼른 클립 가까이 자석을 옮겼다. 그런데 클립 옆에 있던 숟가락이 먼저 자석에 붙었다. 두람이는 엉겁결에 숟가락과 클립을 동시에 건져 올렸다.

아까랑 다른 숟가락이지만 숟가락이 자석에 붙어 깜짝 놀랐다.

"자, 그럼 자석 낚시로 건져 올린 물건을 말해 볼까?"

서연이가 손을 들고 말했다.

"숟가락, 가위, 클립, 음료수 캔입니다."

"그럼 자석 낚시에 붙지 않았던 물건은?"

"탁구공, 나무판, 유리컵이 안 붙어요."

은서가 대답했다.

"선생님, 그런데 이 숟가락은 자석에 붙었는데, 다른 숟가락은 안 붙었어요. 비슷한 숟가락인데 왜 그럴까요?"

"두람이가 재미있는 걸 발견했네."

갑작스런 칭찬에 두람이 얼굴이 빨개졌다.

"두 숟가락은 비슷하지만 자석에 붙은 것은 철로 만든 것이고, 붙지 않은 것은 은으로 만든 거예요. 철은 자석에 붙지만 은은 자석에 붙지 않아요."

"선생님, 이 캔도 그래요. 하나는 붙고 다른 하나는 안 붙었어요."

"서연이도 잘 찾았구나. 자석 낚시에 붙은 건 철이고, 안 붙는 건 알루미늄이란다."

"선생님, 금속 물체는 모두 자석에 붙지 않나요?"

"금속이라고 해서 모두 자석에 붙는 건 아니에요. 은으로 만든 숟가락, 알루미늄 캔, 스테인리스로 만든 등산용 컵 등은 자석에 붙지 않아요. 그렇다면 왜 철로 만든 금속만 자석에 붙을까요?"

두람이와 친구들은 모두 고개를 갸우뚱하며 집중했다.

"철에는 아주 작은 자석 알갱이들이 있어요. 자석을 가까이 대기 전에는 여러 방향으로 흩어져 있다가 자석을 갖다 대면 일정한 방향으로 줄지어 서거든요. 이때 철이 자석의 성질을 띠게 되어 자석에 딱 붙게 돼요."

선생님은 잠시 뜸을 들이더니 아이들을 쳐다보며 이어서 말했다.

"그럼 왜 알루미늄, 구리, 은, 스테인리스 등은 자석에 붙지 않을까요? 이 물질 안에 자석의 성질을 가지고 있는 작은 알갱이들은 자석을 갖다 대도 일정한 방향으로 줄을 서지 않고, 오히려 서로 반대 방향으로 운동을 하기 때문이에요."

두람이는 낚시 게임으로 자석의 성질과 여러 가지 금속들에 대해 알게 되어서 무척 신기했다.

미리 알았더라면 물건들을 더 많이 낚아서 준혁이를 이겼을 텐데 아쉬웠다.

개념 Talk!

1. 자석에 잘 붙는 금속

모든 금속이 자석에 붙는 건 아닙니다. 자석에 잘 붙는 성질을 가진 철(쇠), 코발트, 니켈 등의 금속만 자석에 붙고 스테인리스, 금, 은, 알루미늄 등의 금속은 자석에 붙지 않습니다.

재활용 공장에서 철을 분류하거나, 폐차장에서 자동차의 쇳덩이를 들어 올릴 때 큰 자석을 사용합니다.

2. 편리한 자석 용품

캔을 재활용하는 공장에서는 철이 자석에 붙는 성질을 이용해서 철과 다른 종류의 캔을 분류합니다. 이 외에도 폐차를 옮길 때 기중기로 쓰는 큰 자석, 스피커, 모터, 자석 스위치 등 우리 생활에서 자석이 이용되는 곳은 참으로 많습니다.

N극과 S극이 서로 붙는 성질을 이용해 냉장고 입구와 문짝에 고무 자석을 붙이면 냉장고 안의 냉기가 빠져나가는 걸 최대한 방지할 수 있습니다.

자석을 쪼개면 극이 하나일까?

방과 후 수업이 끝나자마자 가은이와 형식이가 1층 현관을 향해 달리기 시작했다. 학원 차를 빨리 타려는 마음에 형식이는 신발까지 구겨 신고 계단도 두 칸씩 내려갔다. 가은이가 앞서가자, 형식이가 가은이를 따라잡으려다 그만 중심을 잃고 넘어졌다.

"쨍그랑."

넘어지면서 손에 들고 있던 것이 떨어져 요란한 소리를 냈다.

앞서가던 가은이가 놀라서 형식이에게 뛰어왔다.

"형식아, 괜찮아?"

"무슨 일이니?"

배움터 지킴이 아저씨와 주변을 지나던 아이들이 모여들었다.

가은이가 어쩔 줄 몰라 서 있고, 형식이는 주저앉은 채 울먹였다.

"아저씨, 형식이가 급하게 뛰다가 넘어졌어요."

바닥에는 두 동강 난 막대자석이 떨어져 있었다.

"괜찮니? 어디 보자."

"네, 괜찮아요."

두 동강 난 자석을 손에 쥐며 형식이가 말했다.

"다음부터는 신발 구겨 신지 말고 천천히 다녀라."

배움터 지킴이 아저씨가 형식이를 일으켜 세우며 당부했다.

"네."

형식이와 가은이는 천천히 학원 차로 걸어갔다.

학원 차 안에는 숙제를 하는 아이, 스마트폰을 만지작거리는 아이, 친구들끼리 떠드는 아이들로 가득했다. 형식이와 가은이가 차에 오르자 안전 도우미 아주머니가 인원수를 확인했다.

"이제 모두 탔지요?"

"아직요. 준혁이가 아직 안 왔어요."

"그럼 조금 기다려야겠네. 출발 전에 안전띠 맸는지 확인할게요."

형식이는 두 동강 난 자석을 손에 든 채 울상을 하고 앉아 있었다.

"이를 어째. 자석이 깨졌구나."

아주머니가 형식이의 얼굴 표정을 살피며 말했다.

형식이는 어깨를 으쓱했다. 아깝긴 했지만 어쩔 수 없었다.

"걱정 마. 자석은 깨지면 더 재미있는 장난감이 된단다. 아줌마한테 잠시 빌려 줄래?"

"정말요?"

형식이가 기대에 찬 얼굴로 깨진 자석을 내밀자, 아주머니는 고개를 끄덕였다. 버스 안전 도우미 아주머니는 몇 년 전까지 학교 선생님이었다고 했다. 그래서 그런지 모르는 것이 없었다.

"자! 준혁이가 올 동안 여기 형식이의 깨진 자석이 얼마나 재미있는 장난감인지 알려 줄게요. 아줌마가 내는 퀴즈를 맞혀 볼 사람?"

퀴즈라는 말에 뒷자리에 앉은 두람이와 다른 친구들도 귀를 쫑긋했다.

"뭔가 재미있는 문제일 것 같아."

서연이가 두람이를 보며 작게 말했다.

"여기 두 동강 난 막대자석이 있어요. 색깔을 보니, 빨간색 N극이 깨져 두 동강이 났군요."

아주머니는 부러진 자석이 잘 보이도록 양손에 하나씩 들어서 아이들에게 보여 주었다.

"여기 깨진 자석을 어떻게 하면 붙일 수 있을까요? 마법의 콧기름이라면 붙일 수 있을까요?"

아주머니는 마술사처럼 손가락에 콧기름을 바르는 시늉을 했다.

형식이가 고개를 갸우뚱했다.

"테이프로 붙이면 안 돼요?"

"물론! 풀이나 테이프 등 어떤 접착제도 사용하면 안 돼요."

"에이, 말도 안 돼."

"아무것도 없이 어떻게 붙여요."

 아이들의 불만 섞인 웅성거림이 울려 퍼졌다. 서연이와 두람이는 서로 마주 보며 골똘히 생각했다.
"자, 그럼 힌트를 주겠어요."
아이들 모두 집중했다.
"힌트는 바로, '자석은 같은 극끼리는 밀어내고, 다른 극끼리는 붙는다'입니다."
"부러진 쪽이 모두 N극이라 서로 밀어낼 텐데……."
형식이가 혼잣말을 했다.

"부러지면서 충격을 받아 해롱해롱해져서 극이 모두 없어졌을지도 모르지."

두람이가 웃기려고 한 말에 힌트를 얻은 현지가 과학 수업 시간에 했던 자석 낚시 게임을 떠올리며 말했다.

"떨어지면서 충격을 받아 N극과 S극이 새롭게 다시 만들어진 거 아닐까요?"

현지의 말에 형식이가 의견을 보탰다.

"N극과 S극이 다시 만들어지면, 자석은 다른 극끼리 붙는 성질이 있으니까 테이프를 쓰지 않아도 저절로 붙겠네?"

"그렇지만 한번 만들어진 극이 충격을 받았다고 바뀔까? 자석이 그렇게 쉽게 극이 바뀌면 불량 아니에요?"

두람이가 고개를 갸웃거리며 물었다.

아주머니가 주머니를 뒤적이더니 나침반을 꺼냈다. 아주머니 주머니에는 없는 것이 없었다. 아이들이 뭔가 필요할 때면 주머니에서 척척 꺼내 주었다. 오늘은 나침반이 주머니에서 나왔다.

"너희, 자석이 나침반 바늘을 움직이는 건 알고 있니?"

"네!"

"그럼 여기 나침반을 잘 보렴."

24 · 구석구석 개념 톡, 과학 톡!

아주머니는 깨진 자석의 빨간색 N극을 나침반에 가까이 대며 아이들이 잘 볼 수 있도록 손바닥을 펼쳐 보였다.

"어? 나침반 바늘이 움직이네!"

"신기하다. 빨간색 N극의 깨진 쪽을 가까이 했는데 N극 나침반 바늘이 가까이 왔어."

아이들이 신기해하며 가까이 모여들었다.

"자석은 아무리 잘게 쪼개어도 각각 N극과 S극이 있는 자석으로 변한단다. N극만 있거나 S극만 있는 경우는 없어. 자석이 잘게 쪼개지면 쪼개진 자석은 또다시 N극과 S극을 갖게 되는 거야. 그러니까 깨진 빨간색 N극 자석도 다시 각각 N극과 S극이 생겨서 이렇게 나침반 바늘이 움직이게 되는 거지."

"그럼 여기 있는 막대자석들을 계속 부러뜨리면 자석이 엄청 많아지겠네요?"

형식이는 언제 울상이었냐 싶게 신이 나서 말했다.

"설마, 잘게 부러뜨리겠다는 건 아니지?"

가은이가 놀리듯 말했다.

"하하하!"

차 안은 한바탕 웃음으로 들썩였다.

헐레벌떡 뛰어온 준혁이는 친구들의 웃음소리에 어리둥절했다.

"이제 버스 출발합니다!"

1. N극과 S극으로 나뉘는 자석

자석은 철을 끌어당기는 성질을 지닌 물체입니다. 모든 자석은 N극과 S극을 가지는데, 이 자석을 아무리 잘게 쪼개어도 N극과 S극이 또 생깁니다.

2. 거대한 자석, 지구

자석이 발견되자 나침반이 발명되고, 나침반을 이용해 동서남북 방향을 정확히 알 수 있게 되면서 세계는 항해의 시대를 맞이했습니다.

나침반은 어떻게 방향을 알려 주는 걸까요? 바로 지구가 커다란 자석이기 때문입니다. 지구도 N극과 S극이 있고, 나침반은 항상 북쪽을 가리키도록 만들어져 방향을 알려 줍니다. 전화기가 없던 시절, 사람들은 소식을 빠르게 전하기 위해 비둘기를 이용했습니다. 비둘기는 지구 자석의 영향을 받아 목적지를 정확히 찾아갈 수 있습니다. 비둘기의 머리뼈와 뇌 사이에 나침반 역할을 하는 세포가 있기 때문이랍니다.

◦ 지구 자석의 영향으로 정확하게 소식을 전해 주던 비둘기.

🏫 큰 소리일까, 높은 소리일까?

점심시간, 학교 운동장은 점심을 다 먹은 아이들의 놀이터였다. 운동장 한가운데서는 축구를 하는 아이들이 이리저리 뛰어다니고, 한쪽에서는 피구를 하는 여자아이들의 웃음소리가 끊이지 않았다.

"딩동댕, 삐이익!"

5교시 수업을 알리는 종이 울리는가 싶더니 갑자기 스피커에서 시끄러운 소리가 났다.

"으악!"

축구를 하던 두람이와 반 아이들은 놀라서 한목소리로 소리를 질렀다.

"뭐야, 갑자기 왜 이상한 소리가 나는 거지?"

두람이가 소리가 나는 쪽을 쳐다보았다.

"삐이~~~~~익!"

또 한 번 스피커에서 더 높은 소리가 났다.

"으악!"

운동장에서 놀던 아이들이 귀를 막고 교실로 뛰어 들어갔다. 교실 안에 있던 아이들도 귀를 막고 얼굴을 찡그린 채 스피커를 쳐다보고 있었다.

"아이고, 스피커에 뭔가 문제가 있나 보다. 이렇게는 수업을 못 하겠네."

계속되는 스피커 소리에 선생님도 수업하기를 포기한 듯했다.

"선생님! 너무 시끄러운데, 나가서 축구 하면 안 돼요?"

축구를 좋아하는 준혁이가 재빠르게 말했다.

"치이~~~~~익!"

스피커에서는 또 이상한 소리가 났다.

"그러게. 스피커에서 자꾸 이상한 소리가 나니까 고칠 때까지 잠시 화단에 물이라도 주고 올까?"

선생님 말이 떨어지자마자 준혁이와 몇몇 아이들이 "와!" 하고 환호성을 지르며 복도로 빠져나갔다. 선생님은 아이들 소리에 더 놀란 듯 보였다.

"어이구, 녀석들도 참."

"선생님, 스피커 소리가 더 커요? 애들 소리가 더 커요?"

서연이가 선생님 옆으로 다가가 장난스럽게 물었다.

스피커에서는 여전히 잡음이 흘러나왔다.

"음, 하나는 높고, 하나는 크네."

갑자기 선생님이 이상한 말을 했다.

"네? 하나는 높고, 하나는 크다고요?"

은서가 고개를 갸우뚱하며 되묻자 서연이가 은서 옆으로 쪼르르 다가오며 말했다.

"스피커 소리는 높고, 애들 소리는 큰 거야!"

"다들 운동장에 나갔으니, 우리는 교실에서 더 재미난 공부를 해 볼까?"

교실에 남은 서연이와 은서를 보며 선생님이 말했다.

아이악~

"소리도 정도에 따라 몇 가지 성질로 나뉠 수 있어. 큰 소리와 작은 소리가 있고, 높은 소리와 낮은 소리도 있지."

"아, 높은 소리는 그거예요. 도, 레, 미, 파, 솔, 라, 시, 도, 레, 미…… 켁켁."

은서가 한 음씩 높여 부르다 더 이상 올리지 못하고 기침을 했다.

"누가 높이 올라가나 같이 해 볼까?"

선생님과 서연이, 은서가 함께 '도'부터 시작해서 음을 높여 부르기 시작했다.

"도, 레, 미, 파, 솔, 라, 시, 도, 레, 미, 파, 솔……."

선생님은 레에서, 은서는 미에서, 서연이는 간신히 솔까지 소리를 냈다.

"우리가 음을 점점 높여 부른 걸까? 점점 크게 부른 걸까?"

"높여 불렀어요. 도부터 점점 음이 높아지니까요."

"그렇구나. 그럼, 이번에는 점점 크게 불러 볼까? '도' 한 음을 가지고 처음에는 작은 소리로, 그다음부터 점점 더 힘을 줘서 세게 불러 보렴."

"도, 도— 도—— 도!"

점점 크게 부르다 보니 목이 아파 왔다. 서연이와 은서가 서로 벌게진 얼굴을 마주 보며 한참을 깔깔대고 웃었다. 선생님도 따라 웃다가 말했다.

"그래도 크게 소리를 질러 보니까 가슴이 뻥 뚫리는 것처럼 시원하지?"

숨을 고르는 서연이와 은서에게 선생님은 소리의 특징에 대해 설명해 주었다.

"우리는 보통 높은 소리를 큰 소리라고 말하는 경우가 있어. 아까 스피커에서 났던 소리도 그리 크진 않았지만 꽤 높은 괴성이었지. 그 소리를 듣고 우리 반 아이들이 모두 소리를 질렀잖아. 높은 소리이기도 했지만 다 같이 냈으니, 꽤 큰 소리였지."

"하나는 스피커에서 난 높은 소리."

"하나는 아이들이 지른 큰 소리! 맞죠?"

은서와 서연이가 번갈아 가며 말했다.

선생님과 이야기를 나누는 사이 교실이 조용해졌다. 스피커를 고친 모양이었다.

"이제 아이들을 불러야겠는걸! 운동장에 있는 아이들을 교실로 오라고 부를 때 높은 소리로 불러야 할까, 큰 소리로 불러야 할까?"

서연이와 은서는 선생님 말이 떨어지자마자 아이들을 부르러 창가로 달려갔다.

1. 음정(높이)과 음량(크기)

음정(높이)은 소리가 1초 동안 진동하는 횟수로 높낮이가 결정됩니다. 1초 동안에 진동 횟수가 많으면 높은 소리, 횟수가 적으면 낮은 소리가 납니다. 이를테면 피아노 건반의 '레'와 '라' 음에서 오른쪽에 있는 라(A) 음은 그보다 왼쪽에 있는 레(D) 음보다 1초 동안 진동 횟수가 많기 때문에 더 높은 소리가 납니다.

음량(크기)은 진동하는 폭에 의해서 결정됩니다. 바이올린 라(A) 음 줄을 약하게 튕기면 작은 폭으로 진동하여 작은 소리, 세게 튕기면 큰 폭으로 진동하여 큰 소리가 납니다. 북을 약하게 치면 작은 소리, 세게 치면 큰 소리가 나는 것과 같은 이치랍니다.

2. 녹음된 내 목소리가 낯설게 들리는 이유

사람은 자기 목소리를 들을 때 주로 몸을 통해 전달되는 소리로 듣습니다. 자신의 성대가 진동하면서 근육과 뼈, 연골 등의 조직이 떨리게 되고 이런 떨림이 머리뼈로 전달되면서 자신의 목소리를 귀로 듣게 되지요.

반면, 녹음된 목소리는 공기를 통해서만 전달되므로 평소 듣던 자기 목소리와 전혀 다른 목소리처럼 들리게 됩니다.

씨가 싹트려면 햇볕만 필요할까?

세상이 온통 연둣빛으로 물들었다. 앙상하던 나뭇가지에는 새잎이 돋고, 겨우내 땅속에서 움츠리고 있던 씨앗들은 힘차게 싹을 틔웠다. 두람이네 반에서는 봄을 맞아 모둠끼리 강낭콩을 키우기로 했다. 네모난 화분에 강낭콩 씨앗을 심고, 모둠마다 잘 자랄 만한 곳에 화분을 두기로 했다.

준혁이네 모둠은 1층 화단 옆 햇볕이 제일 잘 비치는 곳을 찾아 강낭콩 화분을 놓았다. 두람이네는 교실에서 가까운 화단 쪽에 두었다. 모둠마다 아이들끼리 순번을 정해 강낭콩을 보살피고, 그때그때 관찰한 내용을 정리하기로 했다.

"두람아, 어디 가?"

조금 일찍 학교에 도착한 준혁이가 복도를 급하게 뛰어가는 두람이를 불렀다.

"응, 우리 모둠 강낭콩 화분에 물 주려고."

그러고 보니 두람이 손에는 물뿌리개가 들려 있었다.

"오늘 너 당번이야?"

"아니, 어제였어."

"근데 왜 오늘……. 에에, 어제 까먹었구나?"

준혁이가 장난치듯 말하는데도 두람이는 퉁명스럽게 받았다.

"그러니까 오늘이라도 물 주려고. 선생님한테 안 이를 거지?"

두람이는 살짝 걱정이 되었다.

"안 이를 테니 걱정 마셔. 그런데 너희 화분 그늘진 데 놔뒀어?"

"아니? 햇볕 잘 드는 곳에 뒀는데?"

"그래? 그럼 물 안 줘도 돼. 햇볕만 잘 들면 싹이 빨리 틀 거야."

"물을 안 줘도? 말도 안 돼!"

"수업 때 배웠잖아. '싹이 잘 트려면 햇볕이 필요하다' 기억나지?"

두람이도 수업 시간에 배운 내용이 생각났다.

"우리 모둠 애들이 그랬어. 햇볕만 잘 들면 무조건 잘 자란대."

준혁이 말에 두람이가 어이없어하며 대꾸했다.

"아니야! 물이 더 중요해. 물만 줘도 싹이 틀걸?"

"에이! 물을 아무리 줘도 햇볕을 안 쬐면 싹이 안 터요!"

두람이와 준혁이가 '물이냐, 햇볕이냐'로 실랑이를 벌이자 배움터 지킴이 아저씨가 다가와 물었다.

"너희들 여기서 뭐 하니? 혹시 싸우는 건 아니지?"

준혁이가 두 손을 절레절레 흔들며 말했다.

"싸우는 거 아니에요. 그런데 아저씨, 싹 틔울 때 햇볕이 제일 중요하죠?"

뜬금없는 물음에 아저씨가 두람이와 준혁이를 번갈아 쳐다보자, 두람이도 질세라 질문을 던졌다.

"아저씨, 햇볕만 쬐어 준다고 싹이 터요? 물을 안 줘도요?"

아저씨는 잠깐 곰곰이 생각하더니 두람이와 준혁이에게 물었다.

"물론 햇볕도 아주 중요하고 물도 꼭 있어야 싹이 트지. 그래서 이 화분 주인은 누구니?"

"저희 모둠 거예요. 여기다 강낭콩을 심었거든요."

준혁이가 의기양양하게 대답했다.

"아, 햇볕만 쬐어 주며 키운 모양이구나. 그런데 흙이 이렇게 말라서 싹이 나올까?"

"그럼요, 흙이 말라서 갈라졌잖아요. 그 사이로 햇볕이 들어가면 따뜻해서 싹이 잘 나올 거예요."

준혁이가 마른 흙을 손가락으로 꾹꾹 누르며 말했다.

"그래? 식물을 키워 본 아저씨 경험으로는, 씨앗은 물을 충분히 먹어야 싹이 트던데. 오늘 물을 안 주면 씨앗이 어째 좀 위험할 것 같구나."

"정말요? 어떡하지……. 두람아, 미안한데 우리 화분에 먼저 물을

조금 주면 안 될까?"

준혁이 말에 두람이가 웃으며 말했다.

"그래, 알았어. 너희 화분이 급하니까 먼저 물을 주고, 우리 것도 같이 물을 주자."

"고마워!"

준혁이와 두람이는 다른 모둠 친구들의 화분도 같이 둘러보면서, 화분에 볕이 잘 드는지 흙에 물은 충분한지 사이좋게 관찰했다.

1. 식물이 싹트는 데 필요한 요소들

식물의 씨앗이 싹트려면 물과 함께 적절한 온도와 산소가 필요합니다. 싹튼 씨앗이 더욱 잘 자라게 하려면 충분한 햇볕을 쬐어야 하지요. 싹이 튼 식물은 햇볕을 빛 에너지원으로 삼아 공기 중의 이산화탄소와 수분으로 영양분을 만들어 내는데, 이를 광합성이라고 합니다.

2. 사람에게도 꼭 필요한 햇볕

햇볕은 식물의 성장에도 꼭 필요하지만 사람에게도 반드시 필요합니다. 사람의 피부가 햇볕에 노출되면 비타민 D가 만들어지는데, 비타민 D는 우리 몸에서 뼈를 튼튼하게 만들어 줍니다. 햇볕을 충분히 쬐지 못해 몸에서 비타민 D가 부족해지면 뼈 모양이 변형되는 구루병, 골다공증과 같은 질병에 걸릴 수 있어 위험합니다.

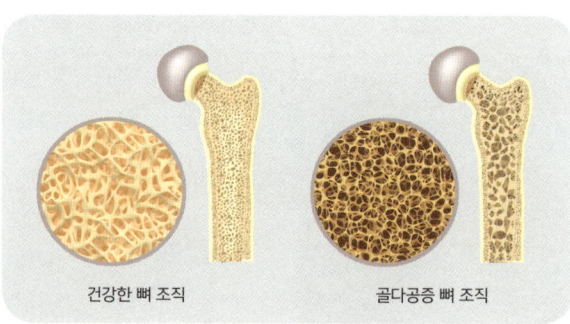

건강한 뼈 조직   골다공증 뼈 조직

● 골다공증은 뼈 조직이 약해져서 부러지기 쉽습니다.

기린의 목뼈는 사람의 목뼈보다 많을까?

오늘은 반 전체가 현장 체험 학습을 가는 날이다. 어제까지만 해도 황사가 무척 심했지만 다행히 오늘은 먼지가 걷혀 하늘이 맑고 봄 햇살도 따사로웠다. 아침부터 운동장에서 늦게까지 놀다가 헐레벌떡 교실로 뛰어 들어온 두람이와 준혁이는 자리에 앉아서도 계속 실랑이를 벌였다.

"거기 두람이랑 준혁이, 무슨 일 있니?"

선생님 말에 순간 교실이 조용해지면서 반 아이들의 시선이 두람이와 준혁이에게 쏠렸다.

"선생님, 두람이가 절 무시해요. 키도 작고 몸집도 작다고요."

준혁이가 쭈뼛거리며 말하자 두람이가 깜짝 놀라며 말했다.

"억울해요, 선생님. 전 준혁이를 무시한 적 없어요."

두람이의 얼굴이 금세 울 것처럼 발개졌다.

"무엇 때문에 그러는지 자세히 말해 줄래?"

선생님이 두람이와 준혁이를 번갈아 바라보면서 물었다.

"아까 운동장에서 두람이랑 시소를 탔는데요, 두람이가 타니까 제가 쑥 올라갔어요."

"둘이 몸무게 균형이 안 맞았구나. 그런데?"

"준혁이가 저더러, 넌 키도 크고 몸집도 크니까 앞쪽으로 당겨 앉으라고 해서 그렇게 했을 뿐이에요."

두람이가 퉁명스럽게 먼저 말하자 선생님이 다시 물었다.

"준혁이는 두람이가 왜 널 무시한다고 생각했니?"

"두람이가 분명히 저보고, 넌 몸집이 작으니까 세포도 작다고 했어요. 또 키도 작아서 다른 사람보다 뼈 개수도 적을 거래요."

"아니, 그게 아니라……."

선생님은 두람이에게 잠깐 기다리라는 눈짓을 하고, 다시 준혁이에게 말했다.

"준혁이가 정말 속상했겠네."

"저도 키 때문에 늘 고민인데, 두람이가 저더러 세포도 작고 뼈도 적다고 놀리니까 화가 났어요."

"그랬구나. 걱정 마, 준혁아. 키 크는 속도는 사람마다 다르단다. 우리 준혁이도 곧 키가 쑥쑥 클 거야. 두람아, 그렇지?"

"그게…… 준혁이를 무시하려던 건 아니에요. 처음에는 장난으로 한 말이었는데, 준혁이가 화를 내니까 저도 모르게 그만……. 준혁아, 너 놀리려고 그런 건 아니야. 속상했다면 미안해."

두람이가 사과하자, 속상한 마음이 좀 누그러진 준혁이도 고개를 끄덕였다.

"선생님, 키가 크고 작은 게 정말 뼈 개수랑 상관있어요?"

교실 앞쪽에 앉아 있던 은서가 갑자기 물었다. 준혁이와 두람이를 향해 있던 시선들이 모두 은서에게로 쏠렸다.

"재미있는 질문이야. 오늘 마침 동물원에 현장 학습을 가니까, 거기 가서 다시 설명해 줄게. 기린을 직접 보면서 얘기해 봐도 좋겠네. 다들 괜찮지요?"

"네, 선생님!"

반 아이들이 힘차게 대답하자 선생님이 두람이와 준혁이에게 찡긋 윙크했다.

반 아이들은 동물원에 도착하자마자 기린 우리 쪽으로 뛰어갔다.

"와! 선생님 기린이에요. 키가 엄청 커요!"

"자, 그럼 아까 은서가 했던 질문부터 생각해 볼까요? 저렇게 키가 큰 기린의 목뼈 수와 사람의 목뼈 수 중에서 어느 쪽이 더 많을까?"

"역시 선생님은 바로 안 알려 주실 줄 알았다니까."

서연이 말에 옆에 있던 은서가 손을 번쩍 들고 물었다.

"선생님, 기린은 목이 얼마나 길어요?"

"기린은 키가 보통 5.5미터 정도이고, 목 길이만 해도 1.8미터 정도 된단다."

"우아, 1.8미터면 기린 목이 우리 키보다 훨씬 크잖아!"

준혁이가 기린처럼 목을 쭉 뽑아 늘리는 시늉을 했다.

"기린 뼈가 사람의 목뼈보다 훨씬 많을 것 같아."

"당연하지, 목이 저렇게 기다란데 사람이랑 목뼈 개수가 같을 리가 없어."

아이들이 웅성거리자 두람이와 준혁이가 한목소리로 크게 외쳤다.

"정답은! 기린 목뼈가 사람 목뼈 개수보다 더 많다!"

"그렇지만 선생님 문제에는 늘 함정이 있단 말이야."

서연이가 팔짱을 낀 채 중얼거리자 선생님이 웃으

면서 말했다.

"와, 우리 서연이 예리하구나. 정답은, '기린의 목뼈 개수와 사람의 목뼈 개수는 같다'입니다."

반 아이들이 여전히 고개를 갸우뚱거리자 선생님은 친절하게 설명을 덧붙였다.

"기린은 사람처럼 새끼를 낳아 젖을 먹여 키우는 포유동물에 속해요. 목이 길어서 사람의 목뼈보다 뼈의 개수가 많을 것 같지만, 기린의 목뼈 개수도 대부분의 포유동물처럼 일곱 개로 같아요. 그러므로 사람의 목뼈와 기린의 목뼈 개수는 같답니다."

은서가 손을 들고 깡충깡충 뛰면서 말했다.

"선생님, 저 알았어요! 사람도 포유동물이니까, 키가 크나 작으나 뼈 개수가 같아요. 그러니까 두람이와 준혁이의 뼈 개수도 같다는 말이죠."

은서의 대답에 선생님이 손가락으로 오케이 동그라미를 그리며 웃었다.

두람이는 자기 목을 이리저리 만져 보았다. 준혁이가 기린처럼 목을 길게 빼고 두람이에게 자기 목을 만져 보라고 손짓했다. 두람이와 준혁이는 언제 다투었냐는 듯 서로의 목을 장난스럽게 간질이며 크게 웃었다.

1. 포유동물의 목뼈 개수

사람을 포함하여 포유동물의 목뼈는 일반적으로 일곱 개입니다. 그리고 갓 태어난 아기의 뼈는 450여 개로 성장하면서 뼈가 합쳐져 어른이 되면 206개 정도가 됩니다. 뼈는 뇌, 심장, 폐 등을 보호하는 역할을 하며, 적혈구와 백혈구 등의 혈구를 만들어 내고 칼슘을 저장하기도 합니다. 또한 힘줄과 살로 이루어진 근육을 받쳐서 신체를 움직이게 하거나 무거운 물건을 들 수 있도록 몸을 지탱해 주지요.

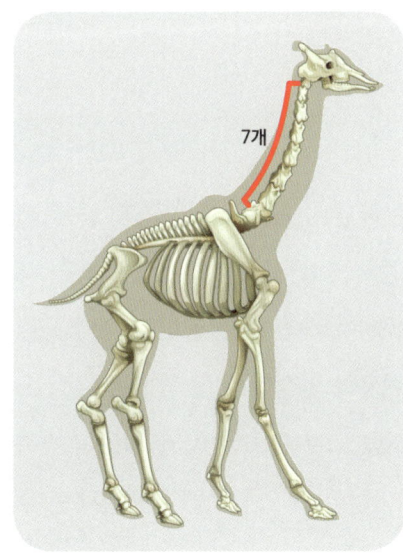

● 기린의 목뼈.

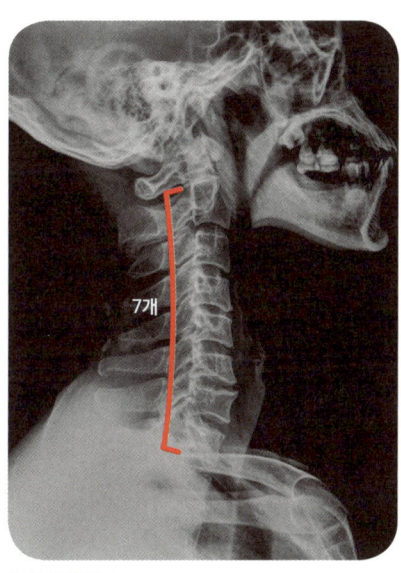

● 사람의 목뼈.

2. 척추동물과 무척추동물

동물은 크게 **척추동물**과 **무척추동물**로 분류할 수 있습니다. 척추, 곧 등뼈가 있는 척추동물은 포유류, 조류, 양서류, 파충류, 어류로 나눌 수 있으며 전 세계 동물 중 2%만이 척추동물이고, 나머지 98%는 무척추동물입니다. 척추동물은 다시 항온 동물과 변온 동물로 나뉩니다. 체온이 일정한 항온 동물과 달리 오징어, 잠자리, 지렁이, 사슴벌레, 조개, 소라처럼 외부 온도에 따라 체온이 변하는 변온 동물은 자신에게 알맞은 기후에서 살아갑니다. 이를테면 무당벌레는 추운 겨울이 되면 체온을 유지하기 위해서 모여서 잠을 잔답니다.

고배율로 보면 세포를 더 많이 볼 수 있을까?

운동장에 과학 체험 부스를 설치하느라 아침부터 선생님들이 분주하게 움직였다. 오늘은 두람이가 며칠 전부터 그토록 기다린 과학 행사 날이었다. 너무 설레어 밤잠까지 설친 두람이는 아침 일찍 학교에 와서 준혁이와 함께 운동장으로 나갔다. 선생님 부탁으로 과학 체험 부스 운영을 돕기로 했기 때문이다.

"선생님, 안녕하세요?"

"두람이랑 준혁이 일찍들 왔구나. 오늘 선생님 잘 도와줄 거지?"

"네! 저희는 뭘 하면 돼요?"

대답 대신 선생님은 책상 아래쪽에서 뭔가를 한참 동안 뒤적였다.

두람이와 준혁이가 쭈뼛쭈뼛 책상 쪽으로 가서 고개를 기웃거리며 물었다.

"뭘 찾으세요?"

선생님이 작은 상자 하나를 손에 들고 일어났다.

"잠깐만 기다려 봐."

선생님은 체험 부스 뒤편에서 커다란 상자 하나를 더 가져왔다.

"자, 준비 끝!"

두람이와 준혁이는 침을 꼴깍 삼키며 선생님이 상자 여는 모습을 지켜보았다.

"짜잔!"

선생님이 커다란 상자를 펼쳐 물건을 꺼내자 두람이와 준혁이가 함성을 질렀다.

"와! 현미경이다!"

"현미경이 어떤 장치인지는 잘 알지?"

두람이가 신이 나서 대답했다.

"그럼요, 선생님! 눈에 잘 안 보이는 작은 물체를 크게 볼 수 있는 기계잖아요."

"선생님, 그럼 이 작은 상자 안에는 뭐가 들어 있어요?"

준혁이가 작은 상자를 들어 보였다.

선생님은 작은 상자를 열어 얇은 유리판을 몇 개 꺼내 보여 주었다.

"이건 프레파라트라고 하는 거야. 현미경으로 관찰할 수 있게 만든 작은 표본이지."

"선생님, 여기 양파라고 쓰여 있어요."

두람이가 유리판을 살펴보며 말했다.

"그래, 양파 프레파라트란다. 양파 껍질을 아주 얇게 벗겨서 표본으로 만든 거야."

선생님이 양파 프레파라트를 현미경의 재물대에 조심스럽게 올려놓았다.

"자, 이제 너희들이 선생님을 도울 차례다. 내가 화장실에 다녀올 동안, 너희들은 이 양파 세포가 잘 보이도록 현미경을 맞춰 놓는 거야. 그럼, 다녀올게."

두람이와 준혁이가 미처 대답하기도 전에 선생님은 쌩하니 화장실로 달려갔다.

준혁이가 살짝 걱정스러운 목소리로 물었다.

"두람아, 난 현미경 어떻게 사용하는지 몰라. 너 할 수 있어?"

"엉? 어…… 뭐, 조금."

식물을 좋아하는 두람이는 집에서 아빠와 함께 현미경으로 식물 세포를 관찰해 본 적 있었다. 그때 기억을 떠올리며 두람이는 현미경을 조심스럽게 앞으로 당겼다.

조금 떨어져서 현미경을 이리저리 살피던 준혁이가 물었다.

"이거 초점만 맞추면 되는 거 아냐?"

"먼저 광원으로 빛을 조절한 다음에 재물대를 올려서 프레파라트가 렌즈 가까이 오게 하는 거야. 그다음에 렌즈를 들여다보고 재물대를 내리면서 큰 나사와 작은 나사로 초점을 맞춰야 해. 재물대를 올리면서 맞추면 프레파라트가 깨질 수 있거든."

두람이가 현미경 옆쪽 큰 나사를 돌려 재물대를 올렸다.

"와, 문제없네. 너만 믿는다, 친구야!"

두람이가 능숙하게 현미경을 다루자, 준혁이는 안심했다.

한참 큰 나사를 돌려 대물렌즈를 올렸다 내렸다 하던 두람이가 소리쳤다.

"어? 보인다, 보인다!"

준혁이가 옆에서 발을 동동 구르며 외쳤다.

"어디, 어디? 나도, 나도 보여 줘!"

"자, 봐. 벌집 같은 거 보이지? 그게 세포야."

준혁이가 렌즈에 눈을 갖다 대니 찌그러진 동그라미 같은 것이 보였다.

"와, 보인다, 보여. 그런데 몇 개밖에 안 보이는데?"

"그래? 그럼 고배율로 바꿔 볼까?"

"응? 배율?"

"여기 회전판을 돌려서 대물렌즈를 바꾸면 돼. 곱하기 표시 있는 게 배율이야. 배율을 높이면 세포가 더 많이 보일 거야. 기다려 봐."

두람이는 회전판을 돌려 렌즈 배율을 바꾸고 다시 접안렌즈에 눈을 갖다 댔다. 그런데 벌집 모양이던 세포는 안 보이고, 알 수 없는

덩어리만 어른거렸다. 그때 6학년 학생 둘이 허둥대는 두람이와 준혁이에게 다가와 물었다.

"얘들아, 우리도 현미경 볼 수 있어?"

두람이가 주저하며 말했다.

"응, 봐도 돼 누나. 그런데 아까는 세포들이 잘 보였거든. 더 많이 보려고 고배율로 렌즈를 바꿨더니 안 보여."

"더 많이 보려고 고배율로 바꿨다고? 내가 한번 볼게."

6학년 누나가 성큼성큼 체험 부스 안으로 들어와 현미경을 들여다보았다.

"여기 미동 나사를 조금 돌려서 초점만 좀 맞추면 되겠다."

"누나, 근데 왜 고배율이랑 저배율로 볼 때 크기가 달라? 고배율로 보면 더 또렷하게 많이 볼 수 있는 거 아냐?"

두람이 질문에 누나가 대답했다.

"고배율은 카메라의 줌 기능 같은 거야. 고배율로 높이면 세포를 더 많이 볼 수 있는 게 아니라 한 부분을 더 자세히 볼 수 있지. 자, 다시 봐."

누나가 양보해 준 접안렌즈를 다시 들여다보며 두람이가 말했다.

"아하, 이젠 한 부분이 크게 보여. 준혁아, 너도 다시 봐."

준혁이도 렌즈에 눈을 갖다 대고 천천히 살펴보았다.

"저배율일 때는 세포 양을 많이 볼 수 있고, 고배율일 때는 세포 모양을 더 크고 자세히 볼 수 있구나."

렌즈에 눈을 댄 채로 준혁이가 중얼거리자 누나들이 웃으며 말했다.

"그럼 우린 이만 갈게. 우리는 저쪽에서 공기 실험 부스를 운영해. 이따 시간 되면 구경하러 와."

"응, 고마워, 누나!"

저쪽에서 반 아이들이 준혁이와 두람이의 체험 부스를 구경하려고 왁자지껄 몰려오는 소리가 들렸다.

"자, 우리도 이제 시작해 볼까?"

두람이와 준혁이는 손을 높이 들어 하이파이브를 했다.

1. 현미경의 렌즈와 배율

광학 현미경에서 접안렌즈는 직접 눈을 대고 보는 곳이고, 대물렌즈는 표본을 가까이에서 비추는 렌즈입니다. 대물렌즈로 확대되어 비친 물체가 접안렌즈에서 한 번 더 확대되어 보이기 때문에 물체를 크고 자세히 관찰할 수 있지요. 렌즈에 비친 상의 크기 비율인 배율은 접안렌즈 배율과 대물렌즈의 배율을 곱해서 구합니다. 예를 들어 접안렌즈(10배)×대물렌즈(40배)이면 400배로 볼 수 있고, 접안렌즈(10배)×대물렌즈(100배)이면 1,000배로 볼 수 있습니다. 이때 많은 세포를 관찰하려면 저배율로 보아야 하고, 한 부분을 자세히 관찰하려면 고배율로 보아야 합니다.

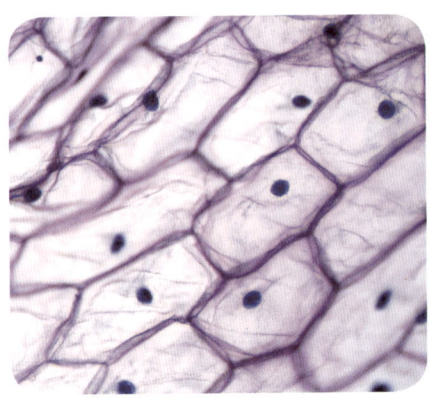

◦ 고배율로 본 양파 세포.

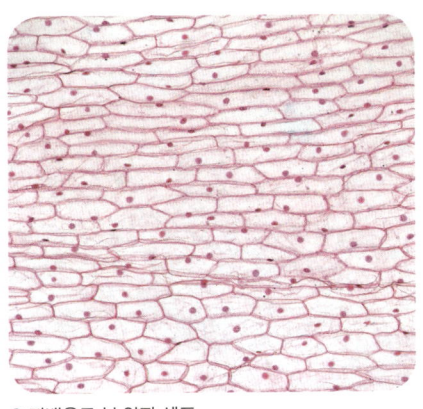

◦ 저배율로 본 양파 세포.

2. 두 눈의 원리를 이용한 실체 현미경

우리가 물체를 입체적으로 볼 수 있는 이유는 왼쪽과 오른쪽 눈이 다른 각도에서 파악한 상을 뇌에서 종합적으로 파악해 사물을 인식하기 때문입니다. 세포 구조를 관찰하는 데 많이 사용하는 일반적인 광학 현미경은 표본 가까이에 있는 대물렌즈 하나의 광축을 통해 맺힌 상을 보기 때문에 물체를 입체적으로 파악할 수 없습니다. 하지만 광학 현미경 중에 해부 현미경, 또는 실체 현미경은 사람의 눈처럼 왼쪽과 오른쪽에서 광원을 비추기 때문에 물체를 입체적으로 파악할 수 있습니다. 세포 내부 구조를 관찰하는 일반 현미경이 최대 1,500배까지 확대할 수 있는 반면, 실체 현미경은 10~30배의 저배율에서 표본을 관찰할 수 있습니다.

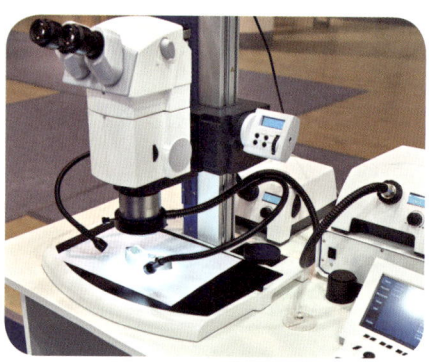
● 실체 현미경은 물체를 입체적으로 관찰할 수 있습니다.

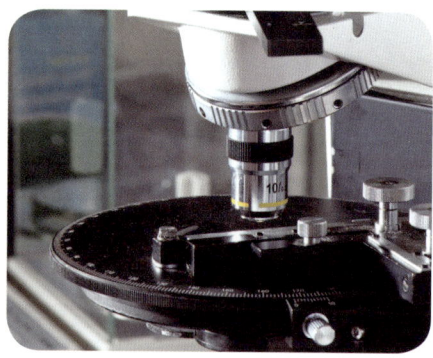
● 편광 현미경은 암석이나 광물의 결정을 자세히 관찰할 수 있습니다.

스스로 실험실, 나는야 과학자!

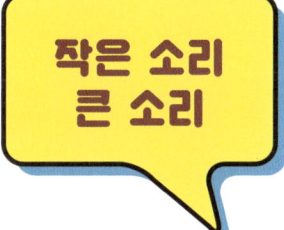
작은 소리 큰 소리

우리 주변은 늘 여러 가지 소리들로 가득합니다. 소리의 높낮이와 크기에 따라 재미있는 현상이 나타나기도 하지요. 그중에서 소리의 크기에 따라 물질의 움직임이 다르게 보이는 신기한 실험을 소개합니다. 아래 설명을 잘 읽어 보고, 부모님과 함께 실험해 봅시다.

1. 준비물
  종이컵 1개, A4 종이 1장, 투명 테이프, 송곳, 소금, 팥, 콩(대두)

2. 이렇게 실험해 봐요!

① 소금, 팥, 노란 콩을 준비한다.

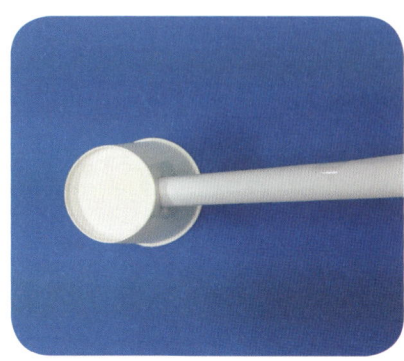

② 종이를 둥글게 말아 투명 테이프로 고정한 다음, 종이컵 아래쪽에 송곳으로 구멍을 뚫어 종이를 끼우고 투명 테이프로 붙인다.

③ 종이컵을 뒤집어 밑바닥이 위로 오게 한 다음, 소금과 팥, 노란 콩을 올려놓고 소리를 다르게 하여 불어 보자.

※ 입으로 바람만 일으키면 진동이 생기지 않아서 종이컵 위에 있는 물질들이 떨리지 않으니 꼭 진동을 내도록 해야 합니다. 작은 빨대는 잘 되지 않으니 지름이 큰 관을 사용하는 것이 효과적입니다.

3. 소리를 낼 때 종이컵 위에서 물질들이 어떻게 움직이는지 관찰해 보세요.
    ▶ 같은 소리를 낼 때 어느 물질이 잘 움직였나요?
    ▶ 그 이유는 무엇이라 생각하나요?
    ▶ 콩을 움직이려면 팥을 움직일 때보다 소리를 어떻게 내야 할까요?

알고 갑시다

'작은 소리 큰 소리' 실험을 잘 해 보았나요?

입으로 진동을 일으켜 종이컵을 떨게 하면 그 진동이 전달되어 종이컵 위에 있는 물질들이 떨리게 됩니다. 같은 크기로 소리를 낼 때 좁쌀이나 참깨처럼 작은 물질들은 미세하게 움직이고 그보다 큰 콩은 움직이지 않습니다. 콩을 움직이기에는 진동이 작기 때문입니다. 콩을 움직이려면 더 큰 진동을 일으켜야 합니다. 이처럼 작은 소리는 진동이 작게, 큰 소리는 진동이 크게 생깁니다. 또한 물질마다 소리의 전달 속도가 다릅니다. 공기는 1초에 약 340m, 물은 약 1,500m, 나무는 약 3,000m, 철은 약 5,000m로 전달됩니다.

음식을 많이 먹으면 장까지 다 찰까?
냉장고를 에어컨으로 쓸 수 있을까?
얼음물이 가득 든 컵 속 얼음이 녹으면 물이 넘칠까?
물에 녹은 설탕은 어디로 갔을까?
모든 세균은 우리 몸에 해로울까?
온도계 눈금은 간격이 같을까?

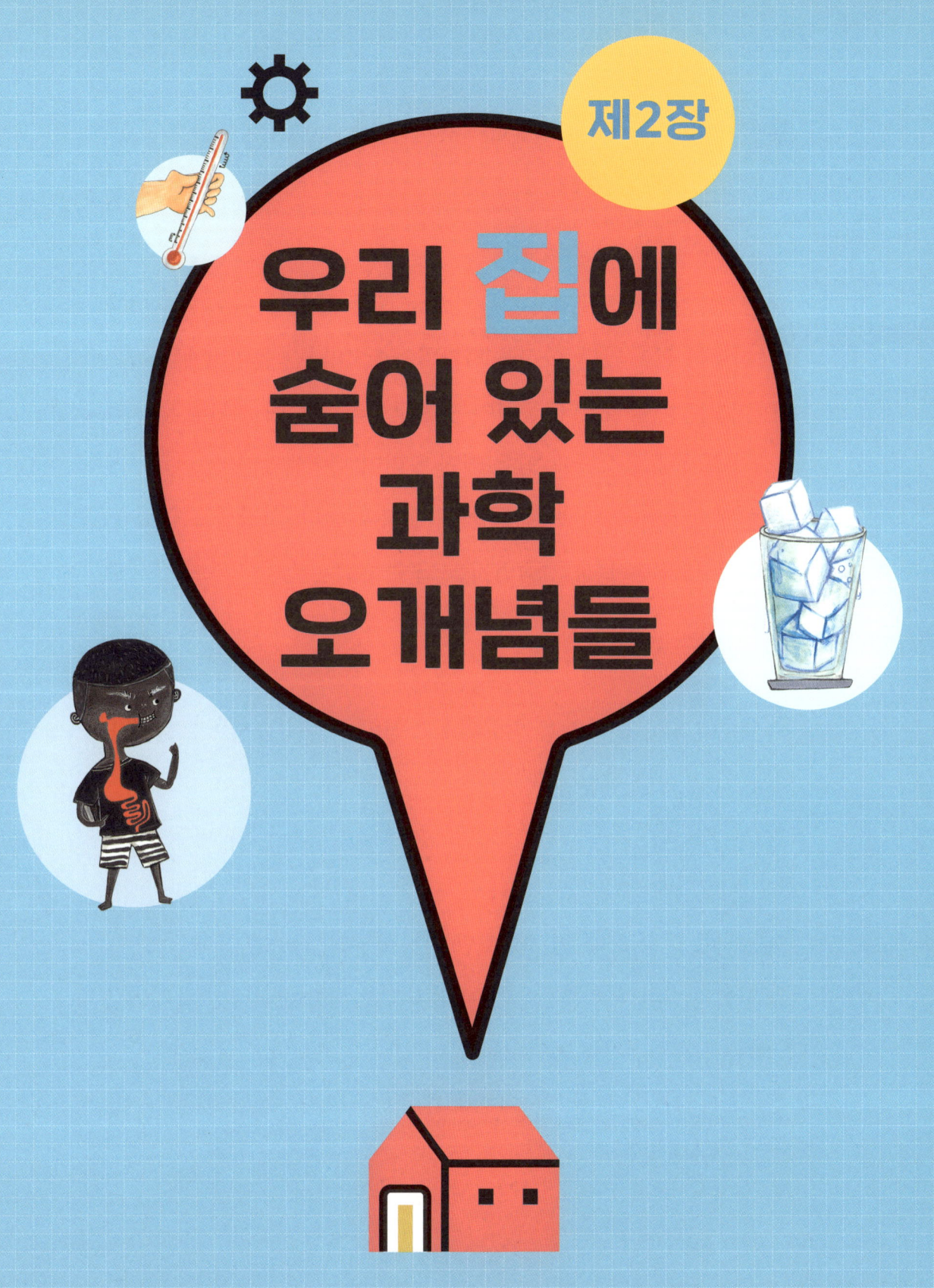

제2장 우리 집에 숨어 있는 과학 오개념들

🏠 음식을 많이 먹으면 장까지 다 찰까?

초등학교에 입학한 뒤 첫 여름 방학을 맞은 동인이는 나가 놀 생각에 아침부터 신이 났다. 아침을 먹자마자 달려 나간 놀이터에는 어느새 아이들로 떠들썩했다. 동인이는 친구들과 뒤섞여 미끄럼틀도 타고, 술래잡기에, 흙장난에, 땀을 뻘뻘 흘리며 뛰어놀았다.

그렇게 한참을 놀다 보니 슬슬 배가 고파 왔다. 화장실도 급했다. 동인이는 옷과 손에 묻은 흙먼지를 탈탈 털고선 동동거리며 집으로 뛰어갔다.

"엄마! 엄마!"

헐떡이며 뛰어 들어온 동인이를 보고 엄마가 놀란 표정으로 물었다.

"왜 그래? 어디 다쳤어?"

"그게, 헉, 헉."

"무슨 일인데 그래?"

"나, 배가 너무 고파. 헉, 헉! 일단 화장실부터! 급하다 급해."

동인이는 다급하게 신발을 벗어 던지고 번개같이 화장실로 뛰어갔다. 화장실로 뛰어가는 동인이를 향해 엄마가 웃으며 소리쳤다.

"놀다 들어왔으니 손 깨끗이 씻어!"

시원하게 볼일을 보고, 손도 뽀득뽀득 씻고, 세수까지 하고 나온 동인이를 보며 두람이가 핀잔을 주었다.

"너는 그냥 배고프다고 하면 되지, 뭘 그렇게 난리를 피우냐?"

"치, 배가 엄청 고프니까 그렇지. 형은 배 안 고파?"

"너 아침밥도 잔뜩 먹고 나갔잖아."

"열심히 놀았더니 소화가 금방 다 됐어."

동인이는 두람이에게 혀를 쏙 내밀고는 쪼르르 부엌으로 달려갔다.

"엄마, 뭐 만들어요?"

"우리 동인이랑 두람이가 좋아하는 떡볶이 만들 거야."

"아싸, 신난다! 엄마, 떡 많이! 어묵도 많이! 소시지도 잔뜩! 아, 삶은 달걀도 넣어 주세요."

"그래, 그래. 좋아하는 거 다 넣어 줄 테니까 조금만 기다려."

신이 난 동인이는 엉덩이춤을 추며 거실로 나가 바닥에 대자로 누워 선풍기 바람을 쐬었다. 동인이가 거실 바닥에서 뒹굴뒹굴거리며 쉬는 사이, 부엌에서 맛있는 냄새가 솔솔 풍겨 왔다. 동인이는 벌떡 일어나 부엌으로 달려갔다.

"짜잔, 맛있는 떡볶이 완성! 두람아, 너도 어서 와."

두람이와 동인이, 엄마는 식탁에 둘러앉아 맛있게 떡볶이를 먹었다.

"와, 역시 엄마가 해 준 떡볶이가 세상에서 제일 맛있어요. 헤헤!"

동인이가 입안 가득 떡볶이를 넣고는 엄마에게 엄지손가락을 척 들어 보이며 웃었다. 그 모습을 보고 두람이가 고개를 절레절레 흔들었다.

"어휴, 입안에 든 거나 삼키고 말해. 다 튀어나오잖아."

"동인아, 천천히 꼭꼭 씹어 먹어. 급히 먹다가 체하니까. 두람아, 너도 더 먹을래?"

"저는 이제 그만 먹을게요. 배가 너무 불러요."

두람이는 숟가락을 내려놓고 배를 두드렸다.

"형, 진짜로 더 안 먹지? 내가 다 먹는다?"

빈 그릇에 떡볶이를 가득 퍼 담으며 동인이가 말했다.

"너 그렇게 많이 먹다가 배 터진다."

"걱정 마, 배가 왜 터져? 음식은 먹으면 그대로 다 똥으로 나오게 되어 있어. 그러니까 많이 먹어도 걱정 없어."

동인이 말에 두람이가 어이없다는 듯 웃었다.

"야, 음식이 어떻게 그대로 똥으로 나와. 말이 되냐?"

"아이, 형이 뭘 모르네. 입이랑, 식도랑, 위랑, 창자랑 다 이어져 있잖아. 음식을 먹으면 입에서 식도로, 위에서 창자로 밀려 내려가니까 많이 먹어서 계속 밀어 넣어 주면 똥으로 다 나오는 거지."

입안에 넣은 떡을 씹느라 잠시 말을 멈춘 동인이는 어묵 하나를 입에 쏙 밀어 넣으며 말을 덧붙였다.

"그래서 나는 잘 먹으니까 화장실도 잘 가는데, 형은 그렇게 많이 안 먹으니까 화장실을 자주 못 가는 거잖아."

뭐라고 반박을 하고 싶었지만 동인이가 하도 당당하게 말하니 두람이는 잠시 할 말이 떠오르지 않았다.

"그래도……. 그건 아니지!"

"왜? 형도 많이 먹어 봐. 음식이 음식을 막 밀어서 똥으로 금방 나온다니까. 엄마, 내 말이 맞지요?"

동인이가 떡을 베어 물며 엄마를 바라보자 한참을 웃고만 있던 엄마가 대답했다.

"우리 동인이 생각이 정말 재미있긴 하지만, 음식이 그대로 똥으로 나오면 사람들 몸이 점점 마르게 될걸?"

씹던 어묵을 꿀꺽 삼키며 동인이가 물었다.

"왜요? 음식을 먹는데 몸이 왜 말라요?"

"먹는 족족 똥으로 다 나오면, 몸이 영양분을 흡수할 틈이 없을 테니까."

동인이와 두람이 컵에 물을 따라 주며 엄마가 설명을 덧붙였다.

"네가 떡볶이 먹을 때를 생각해 봐. 먼저 떡을 이로 충분히 씹어서 잘게 쪼개지? 그렇게 작게 조각난 음식은 식도를 거쳐 위로 넘어가.

그럼 위에서는 위산을 내보내서 음식을 더 자잘하게 부숴 부드럽게 분해시키지."

"음식을 왜 더 작게 분해하는 거예요, 엄마?"

두람이가 떡을 하나 집어 먹으며 물었다.

"영양분을 몸 안의 기관들이 잘 흡수할 수 있게 하려고. 먹은 음식 안에 든 영양분을 흡수할 수 있는 형태로 쪼개고 분해하는 과정을 바로 소화라고 해."

입가에 떡볶이 국물을 잔뜩 묻힌 채 동인이가 물었다.

"엄마, 그럼 위에서 음식이 소화되고 영양분도 흡수되는 거예요?"

"자, 다시 떡볶이의 여정을 떠올려 보자. 우리는 입에서 첫 번째 소화 과정을 거쳐. 엄마가 아까 꼭꼭 씹어서 먹으라고 한 건, 씹으면 씹을수록 침이 많이 나와 음식과 함께 섞이거든. 침도 음식을 부드럽게 만드는 일종의 소화액이야. 그렇게 1차 소화 과정을 거친 음식이 위로 넘어가면 위산이라는 물질이 나오면서 2차 소화를 시작해. 위산은 아주 강한 산성인데, 우리가 먹은 음식에 있을지도 모르는 나쁜 균들을 없애는, 일종의 소독 역할을 하지. 여기까지는 일단 먹은 음식을 잘게 부수고 쪼개 부드럽게 만드는 소화 과정이란다."

"그다음은 어디로 가요?"

두람이 말에 동인이가 잽싸게 대꾸했다.

"창자야, 형. 내가 아까 위랑 창자랑 이어져 있다고 했잖아!"

동인이 입가에 묻은 떡볶이 국물을 닦아 주며 엄마가 말했다.

"창자에도 두 종류가 있어. 위액으로 더욱 부드럽게 만들어진 음식물은 먼저 작은창자로 내려가. 이때가 아주 중요한데, 작은창자는 부드럽게 분해된 음식물에서 좋은 영양분을 흡수하는 기능을 하거든.

그 흡수된 영양분이 우리 몸을 튼튼하게 만들어 주지."

동인이가 냄비 바닥을 국자로 싹싹 긁으며 엄마에게 물었다.

"엄마, 그럼 똥은 언제 나와요?"

"너 이렇게 많이 먹고 배 안 아프겠어? 좀 있다 또 먹지."

"괜찮아요, 아직 배가 남았어요."

"우리 동인이 하여간 못 말려……. 자, 이제 떡볶이의 후반기 여정이 남았어. 작은창자인 소장은 음식물에 포함된 좋은 영양분을 다 흡수하고 남은 찌꺼기를 큰창자인 대장으로 보낸단다."

엄마는 갑자기 깨끗한 행주를 물에 적시더니 물기를 꾹 짜며 말했다.

"자, 행주처럼 수분과 좋은 영양분이 다 빠져나간 음식은 어떻게 될까?"

"마른행주처럼 되겠지요?"

두람이가 얼른 대답했다.

"그렇지. 대장은 소장에서 넘어온 남은 음식물 찌꺼기의 수분을 꾹 짜낸 뒤 흡수해. 수분까지 다 빠지고 나머지 찌꺼기가 항문을 거쳐 우리 동인이가 잘 누는 똥으로 나오는 거야. 그러니까 똥은 영양분이 흡수되고 남은 찌꺼기일 뿐이란다. 아까 동인이 말대로, 음식이 몸 안에 들어가 흡수되지 않고 장까지 쌓였다가 그대로 똥으로 다 나온다면 정말 큰일이겠지?"

"아, 나 이제 배불러서 도저히 더 못 먹겠어."

"야, 다 긁어 먹어서 더 먹을 것도 없잖아!"

"싸우지 마, 얘들아. 엄마가 떡볶이 더 해 줄게."

티격태격하는 두람이와 동인이를 보며 엄마가 배꼽을 잡고 웃었다.

1. 음식물을 분해하는 소화 과정

우리가 섭취한 음식은 입에서 잘게 쪼개져 식도를 거쳐 위에 도달합니다. 위에서는 위액이 소화 효소로 나와 음식을 더욱 부드럽게 분해시키고, 작은창자에서는 영양분을 흡수합니다. 양분이 흡수되고 남은 음식물은 큰창자에 도달해 남은 수분까지 모두 흡수되면 항문을 거쳐 몸 밖으로 배출됩니다.

2. 소화를 돕는 건강한 습관 기르기

몸속에 들어간 음식물이 소화가 잘 되지 않으면 속이 답답하거나 구토, 복통, 설사 등을 앓게 됩니다. 음식을 잘 소화시키려면 음식물을 꼭꼭 씹어 삼키는 습관을 들이고, 너무 자극적인 음식을 많이 먹지 않는 것이 좋답니다. 또한 스트레스를 피하도록 노력하고 규칙적인 운동과 충분히 잠을 많이 자는 것도 도움이 됩니다. 그래도 속이 더부룩하거나 배가 아프다면 꼭 병원을 찾아 진료를 받는 것이 좋겠지요?

🏠 냉장고를 에어컨으로 쓸 수 있을까?

　두람이와 동인이가 떡볶이로 실랑이를 벌이고 있을 때, 초인종이 울렸다. 엄마가 문을 열자 두람이네 반 친구 서연이가 강아지 몽이를 안고 꾸벅 인사했다.

　"안녕하세요? 두람이 있나요?"

　"서연이 왔구나. 두람이 지금 떡볶이 먹고 있어. 어서 들어오렴."

　"서연이 누나 왔어? 와, 몽이도 왔네. 몽아!"

　몽이도 꼬리를 신나게 흔들며 동인이에게 달려갔다.

　두람이네 엄마가 떡볶이를 접시 가득 담아 거실 탁자에 놓아 주며 말했다.

　"서연아, 떡볶이 먹을래? 동인이 때문에 아줌마가 떡볶이를 많이 만들었거든."

　"감사합니다. 잘 먹겠습니다."

　두람이가 얼른 그릇과 포크를 챙겨 와 건네며 서연이 옆에 앉았다.

　"두람아, 우리 떡볶이 다 먹고 나가서 경도할래?"

　"경도? 경찰과 도둑 놀이?"

　"두람아, 냉장고에서 시원한 물 좀 꺼내서 서연이 갖다줄래?"

"내가, 내가! 내가 가져다줄게요, 엄마."

몽이와 장난치며 놀던 동인이가 엄마 말에 벌떡 일어나 부엌으로 달려갔다. 몽이도 동인이 뒤를 쪼르르 쫓아갔다.

"동인이가 웬일로 자기가 먼저 하겠다 그러네?"

서연이가 웃으며 말하자 두람이가 고개를 절레절레 흔들었다.

"저 먹보, 냉장고에서 뭘 또 꺼내 먹으려는 거겠지. 그런데 이렇게 더운데 밖에서 놀자고?"

"그럼 집에서 뭐 하고 놀 건데?"

"집에서 시원하게 컴퓨터 게임이나 하자."

두람이는 서연이에게 요즘 유행하는 재미난 게임을 많이 알려 주고 싶었다.

"그런데 동인이는 왜 안 와? 물 가지러 한참 전에 가지 않았어?"

고개를 두리번거리던 서연이가 냉장고 문을 연 채로 서 있는 동인이를 보며 물었다.

"동인아, 물 없어?"

"아니, 물 있어."

"야, 근데 냉장고 문을 왜 열어 놓고 있어?"

두람이 말에 동인이가 냉장고 문 옆으로 고개를 내밀고는 장난스럽게 웃으며 말했다.

"형, 이리 와 봐. 냉장고 앞에 서 있으니까 엄청 시원해. 냉장고 문 열어 놓으면 에어컨 켜 놓은 것처럼 집이 시원해질 거 같아."

"얼른 닫아! 엄마한테 혼나."

두람이가 후다닥 뛰어와서 동인이의 옷을 잡아당기며 냉장고 문을 닫았다.

"왜? 내가 시원하게 해 주겠다는데. 전기세 많이 나올까 봐 그래? 칫, 형은 좀생이야."

그때 서연이가 다 먹은 떡볶이 그릇을 싱크대에 놓으며 말했다.

"동인아, 냉장고를 열어 둔다고 에어컨처럼 집이 시원해지지 않아."

"왜?"

"냉장고 문을 열면 문 앞은 냉기가 나와 시원하지만, 문을 계속 열어 두면 냉장고의 찬 공기가 밖으로 나온 만큼 거실의 따뜻한 공기가 냉장고 안으로 채워지거든. 그러면 냉장고 안 온도를 낮추느라 냉장고가 더 돌아가겠지?"

"그러면 시원한 공기가 또 나오는 거잖아?"

"냉장고 안 온도를 낮추기 위해 냉장고가 더 열심히 돌아가게 되면, 냉장고 뒤쪽에서 뜨거운 열기가 나와. 거실이 시원해지기는커녕 더 더워질걸? 그럼 더운 공기가 또 냉장고 안으로 들어가게 될 거고. 결국에는 냉장고 안도 거실도 후끈해질 거야."

　　서연이 말을 잠자코 듣고 있던 동인이가 시원한 물을 꺼내 갖다주며 말했다.

　　"그렇구나. 역시 서연이 누나는 똑똑해. 똑똑한 누나에게 시원한 물을 대령하겠나이다!"

 동인이가 무릎을 꿇고 우스꽝스러운 자세를 취하자, 서연이가 근엄한 목소리로 말했다.

 "오냐, 귀한 원리를 설명하느라 목이 마르니 그럼 시원한 물 한잔 따라 보거라!"

 서연이와 동인이의 장난을 지켜보며 두람이가 고개를 절레절레 흔들었다.

1. 냉장고의 냉각 원리

냉장고는 내부 온도를 낮춰 음식을 신선하게 유지할 수 있도록 합니다. 냉장고의 문을 열면 처음엔 냉장고 안의 냉기가 나와서 시원하게 느껴지겠지만, 열린 문으로 들어간 따뜻한 공기가 냉장고 안의 온도를 높이면 설정된 온도만큼 낮추기 위해 냉장고는 계속 작동합니다. 냉장고가 작동하면 냉장고 뒤쪽으로 더운 공기가 나와 냉장고 주변 온도를 높이지요. 따라서 냉장고 문을 열어 둔다고 해서 거실이 시원해지지 않습니다.

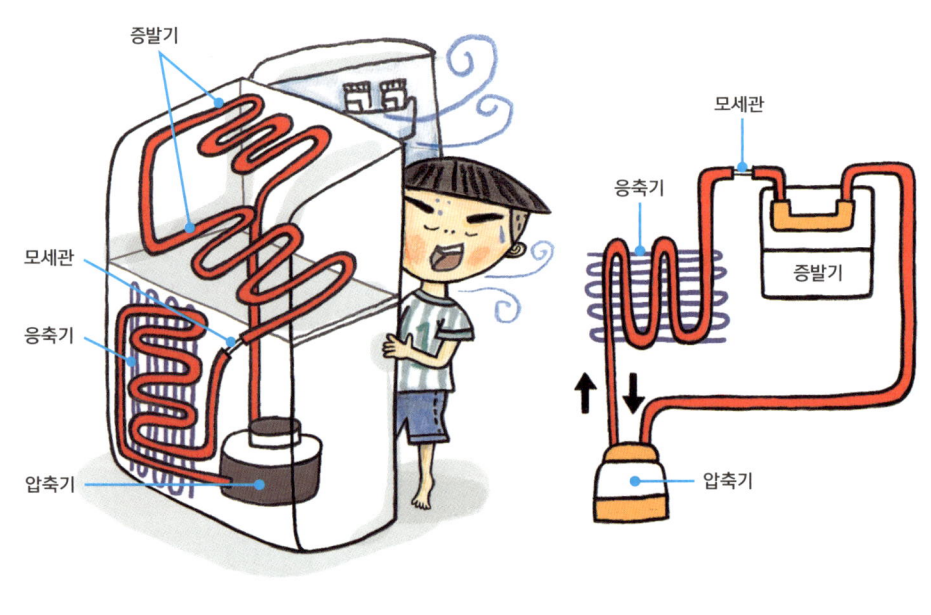

2. 자연이 만든 냉장고

지금은 다양한 기능의 냉장고가 많이 나와 있지만, 전기가 없던 옛날에는 음식을 어떻게 보관했을까요?

먼 옛날 신라 시대부터 조선 시대까지 냉장고 역할을 하는 석빙고가 있었습니다. 석빙고는 직사광선을 피해 지하에 깊은 굴을 파고, 환기 구멍을 뚫어 공기가 순환되도록 만든 얼음 보관 창고랍니다. 겨울철에 얼음을 채취해 석빙고에 보관하다가 더운 여름철에 얼음을 꺼내 먹었지요. 농촌에서는 겨울을 나기 위해서 굴속이나 땅속에 김칫독을 묻거나, 땅을 파서 배추나 무를 묻어 놓고 필요할 때 꺼내 먹었습니다.

● **경주 석빙고(보물 제66호)**
석빙고는 온도 변화가 적은 지하에 바닥 경사를 만들어 배수가 잘 되도록 했고, 반원형 지붕에 환기구 세 곳을 내어 바깥과 공기가 잘 통하도록 지어졌습니다. 계절의 변화와 자연의 순환 원리를 과학적으로 이용하여 얼음을 오랫동안 보관할 수 있었습니다.

얼음물이 가득 든 컵 속 얼음이 녹으면 물이 넘칠까?

"누나, 여기 물 마셔. 시원하라고 내가 얼음도 가득 채웠지."

동인이는 물과 얼음이 가득 담겨 금방이라도 흘러넘칠 것 같은 컵을 쟁반에 받쳐 들고 조심스럽게 서연이에게 건넸다.

"우아, 시원하다. 고마워, 동인아."

"너 이렇게 물을 많이 담아 오면 어떡해. 얼음이 녹으면 컵 밖으로 넘칠 거 아냐."

동인이는 두람이 말은 들은 체도 않고 서연이에게 말했다.

"누나, 물부터 얼른 마셔. 얼음 녹아서 물 넘치기 전에."

재촉하는 동인이와 달리 서연이는 느긋하게 컵을 바라만 보았다.

"누나, 왜 빨리 안 마셔?"

"응, 얼음 녹는 거 보려고."

"뭐라고? 서연아, 물 넘치기 전에 얼른 마셔."

두람이도 재촉하고 나섰다.

"두람아, 얼음이 녹으면 컵에 가득 찬 물이 흘러넘칠까?"

"얼음이 녹으면 물이 되니까 흘러넘치지 않겠어?"

두람이가 대꾸했다.

"기다려 봐. 진짜 그럴지."

"나도 궁금하다. 재미있을 것 같은데……."

동인이가 서연이 옆으로 바짝 다가앉으며 컵을 들여다보았다.

"재미있긴 뭐가 재미있냐? 물 넘치면 동인이 네가 닦아!"

두람이는 휴지를 동인이 앞에 탁 갖다 놓으며 투덜댔다.

"같은 양의 물을 얼리면 물이 더 무거울까, 얼음이 더 무거울까?"

서연이 질문에 그 정도는 씹던 껌 뱉기보다 쉬운 문제라는 듯 동인이가 신나게 대답했다.

"얼음!"

혼자 싱글벙글한 동인이를 영 못마땅하게 바라보며, 두람이도 질세라 시큰둥하게 대꾸했다.

"당연히 딱딱한 얼음이 더 무겁겠지."

"물이 얼음으로 변하면 딱딱하니까 더 무겁다는 말이지?"

"당연하지. 문제가 너무 시시하잖아."

두람이 말에 서연이가 장난스러운 표정을 지으며 웃더니 큰 소리로 외쳤다.

"땡! 이렇게 시시한 문제를 두 분 다 틀리셨습니다."

두람이와 동인이가 어리둥절한 얼굴로 멍하게 서 있자 서연이가 조근조근 말하기 시작했다.

"물이 딱딱한 얼음으로 변해도 무게는 변함이 없어. 동인아, 너 얼린 요구르트 좋아하지? 요구르트를 냉동실에 넣고 얼리면 플라스틱 병이 뚱뚱하게 부풀잖아. 그럼 얼린 요구르트가 얼리지 않은 요구르트보다 양이 더 많을까?"

"똑같겠지?"

"맞아. 똑같은 양이 든 요구르트잖아. 부피만 변했지 무게는 그대로인 거야."

"누나, 그런데 이런 건 어떻게 알았어?"

"우리 아빠한테 배웠어."

서연이네 아빠는 과학 선생님이라 평소에 재미있는 과학 이야기를 많이 해 준다. 서연이는 아빠한테 들은 이야기들을 친구들에게 자주 설명해 주곤 했다.

"물 50그램(g)을 얼리면 얼음 무게는?"

"50그램!"

"빙고!"

그동안 컵 속에 든 얼음이 서서히 녹고 있었다. 하지만 컵 가득한 물은 넘칠 듯하면서도 넘치지 않고 여전히 찰랑거렸다.

"어? 정말 안 넘치는데?"

동인이가 눈을 똥그랗게 뜨고 서연이를 바라보았다.

"아직 얼음이 다 녹지 않았잖아. 조금만 더 기다려 보자."

서연이 말에도 두람이는 여전히 의심을 거두지 않았다. 그저 얼음이 아직 다 녹지 않아서 그런 거라고 생각했다.

"찰랑찰랑~ 찰랑대네~ 잔에 담긴~ 얼음물처럼!"

동인이는 잔 주위를 빙글빙글 돌며 엉덩이춤을 추기 시작했다.

"이제 거의 다 녹은 것 같지 않아?"

두람이가 몸을 한껏 낮춰 컵 가장자리에 시선을 맞추었다.

"얼음이 다 녹았는데도 물이 안 넘쳐!"

동인이도 엉덩이춤을 멈추고 두람이처럼 엎드려 컵 가까이에 눈을 바짝 붙였다.

"얼음이 다 녹아도 물의 양은 같아."

서연이가 의기양양하게 말했다.

"신기하네. 물이 많아져서 흘러넘칠 줄 알았는데……."

두람이가 컵을 이리저리 둘러보며 머쓱한 표정을 지었다.

1. 물의 상태 변화와 질량

물을 끓이면 기체인 수증기가 되고 온도가 낮아지면 고체인 얼음이 됩니다. 액체 상태의 물이 기체가 되고 고체가 되는 과정을 상태 변화라고 합니다. 물이 얼면 부피가 대략 10% 내외로 늘어나지만 질량은 그대로입니다. 물이 가득 담긴 컵에 얼음이 둥둥 떠 있는 경우 그 얼음이 다 녹더라도 부피가 10% 줄기 때문에 컵 밖으로 물이 흘러넘치지 않습니다.

2. 빙하와 빙산의 차이

빙하는 남극 대륙이나 그린란드처럼 추운 극지방에 위치한 대륙에서 아주 오랜 세월 쌓인 눈이 녹지 않고 얼었다가, 그 위에 다시 눈이 쌓이고 얼어 만들어진 얼음덩어리 지형을 말합니다. 이런 빙하에서 떨어져 나온 얼음덩어리가 호수나 바다에 떠다니는 것을 빙산이라고 하

○ 빙하
수백 수천 년 동안에 걸쳐 만들어진 거대한 얼음덩어리인 빙하는 엄청나게 무겁기 때문에 압력과 중력의 힘을 받아 낮은 지형으로 천천히 흘러내립니다. 빙하는 지구상에서 바다 다음으로 큰 물이며 지구에서 가장 많은 민물을 담고 있습니다.

지요. 1912년, 영국에서 출항한 대형 선박 타이타닉호는 북대서양 바다에 떠 있는 20m 높이의 커다란 빙산과 충돌하여 침몰하면서 큰 인명 피해를 남겼습니다.

바다 위를 떠다니는 빙산이 다 녹더라도 해수면의 높이는 별 차이가 없습니다. 수면에 떠 있는 얼음 부피만큼 녹기 때문이지요. 반면, 육지의 거대한 빙하가 녹아 바다로 흘러들어 간다면 해수면은 더 높아질 것입니다.

○ 빙산
바다 위에 떠다니는 얼음 조각인 빙산은 전체 크기의 약 90%는 물속에 있고 나머지 일부만 수면 위로 나와 있습니다. 그래서 배들이 항해할 때 큰 피해를 입을 수 있지요.

🏠 물에 녹은 설탕은 어디로 갔을까?

"얘들아, 뭘 그렇게 열심히 보고 있니?"

두람이와 동인이, 서연이 셋이 머리를 맞대고 컵을 바라보는 모습을 보고 엄마가 물었다.

"얼음 녹는 걸 보고 있어요."

"시원할 때 얼른 마시지 않고……. 미숫가루 먹을래?"

"네!"

역시 동인이가 제일 먼저 대답했다.

"자, 여기 컵이랑 미숫가루, 얼음, 물, 설탕 있으니까 각자 취향껏 타 먹으렴."

엄마가 쟁반에 재료들을 가지런히 정리해 놓아 주었다.

"난 설탕 팍팍 넣어서 아주 달달하게 먹을 거야."

동인이는 컵에 물을 조금 붓고 미숫가루를 먼저 넣고 녹인 다음, 다시 물을 더 붓고 설탕을 가득 넣은 뒤 휙휙 빠르게 저었다. 그런 다음 얼음을 또 가득 넣었다.

"너 설탕 그렇게 많이 먹으면 몸에 안 좋을걸."

두람이가 물에 탄 미숫가루를 휘휘 저으며 말했다.

"우리 몽이도 더울 텐데 설탕물 조금 줄까?"

몽이가 기대 가득한 눈빛으로 서연이를 올려다보며 꼬리를 프로펠러처럼 붕붕 흔들었다. 동인이는 미숫가루를 마시다 말고 서연이가 만드는 설탕물을 가만히 바라보았다.

"동인아, 미숫가루 맛없어? 뭘 그렇게 넋 놓고 보니?"

엄마가 묻자 동인이가 몽이의 설탕물을 보며 대답했다.

"물에 설탕 녹는 모습이 예뻐요, 엄마. 꼭 아지랑이 같아요."

몽이는 설탕물을 얼른 달라며 서연이를 향해 펄쩍펄쩍 뛰고 낑낑대며 야단이었다.

"잠깐만, 몽아. 언니가 금방 줄게."

서연이가 유리컵을 휘휘 젓자 동인이가 깜짝 놀라며 말했다.

"어? 아까는 물속에 설탕 가루가 별처럼 하얗게 보였는데 지금은 안 보여!"

"그러게. 설탕 가루들이 어디로 갔을까? 하늘로 사라졌나?"

엄마가 쿡쿡 웃으며 말했다.

"으이그, 설탕이 물에 녹았으니까 안 보이지."

두람이가 동인이를 한심한 표정으로 바라보았다.

몽이가 얼른 설탕물을 달라며 애타게 낑낑거리자 동인이가 유리컵을 들고 이리저리 바라보며 말했다.

"몽아, 이건 이제 설탕물이 아니야. 물 안에 있던 설탕이 다 없어졌잖아."

"야, 몽이 얼른 설탕물 줘. 계속 달라고 보채잖아."

두람이 말에 심술이 난 동인이가 쏘아붙였다.

"형, 이 물에 설탕이 있다는 증거를 대 봐."

"좋아, 내가 보여 주지."

두람이가 설탕 통에서 설탕을 가득 떠서 몽이 물컵 안에 쏟아 넣었다. 그렇게 계속 설탕을 넣고 저은 다음 동인이 눈앞에 물컵을 쑥 내밀었다.

"이거 봐. 이제 더 녹지 않지? 이게 바로 설탕이 없어진 게 아니라 물속에 녹아 있다는 증거라고!"

"그게 어째서 설탕이 물에 녹아 있다는 증거가 된다는 거야? 뭔지 난 모르겠는데?"

입을 삐죽이며 투덜거리는 동인이 옆에 엄마가 앉으며 말했다.

"엄마는 따뜻한 물에 커피를 타 마셔야겠다."

"아줌마, 저도 따뜻한 물 조금 주세요. 동인아, 이거 봐."

서연이는 아직 설탕 가루가 가라앉아 있는 몽이 컵에 따뜻한 물을 붓고 다시 저은 다음 동인이에게 보여 주었다.

동인이가 손가락질을 하며 소리쳤다.

"이거 봐. 또 없어졌잖아!"

"없어진 게 아니라, 녹아서 눈에 보이지만 않는 거야. 설탕은 컵 안에 그대로 있어."

"난 이해가 안 가. 눈에 안 보이는데 어떻게 설탕이 그대로 있다는 거야?"

"아니 설탕을 넣은 게 그럼 어디로 가겠어? 우길 걸 우겨야지!"

동인이와 두람이가 또 티격태격하는 걸 잠자코 지켜보던 엄마가 서연이와 두람이, 동인이를 번갈아 보며 말했다.

"증명할 수 있는 다른 방법이 또 있지."

"그게 뭔데요?"

서연이, 두람이, 동인이의 눈이 단번에 엄마에게 쏠렸다.

"맛을 보면 되잖아."

엄마가 컵 안에 든 물을 조금 맛보고는 밝은 표정으로 말했다.

"와, 달다! 간단히 증명되었네!"

엄마가 내민 물컵을 받아 마신 동인이가 싱거운 표정으로 중얼거렸다.

"음, 그러네. 달아. 설탕이 들어 있었구나."

동인이 표정을 본 두람이와 서연이가 깔깔거리며 웃자 옆에서 강아지 몽이까지 신이 나서 왈왈 짖었다.

1. 물에 녹는 설탕

물에 설탕 가루를 넣고 휘휘 저은 뒤 다시 살펴보면 설탕 가루가 눈에 보이지 않습니다. 녹은 설탕은 사라진 것이 아니라 물 분자 사이사이에 들어가 있는 것이지요. 이처럼 어떤 물질이 다른 물질에 녹아 골고루 섞이는 현상을 용해라 하고, 두 가지 이상의 물질들이 골고루 섞여 있는 액체를 용액이라고 합니다. 설탕을 물에 녹이는 실험에서, 설탕을 더 잘 녹게 하려면 물의 온도를 높여 주거나 물의 양을 늘리면 분자 운동이 더욱 활발히 일어나 설탕이 더 잘 녹습니다. 또한 각설탕 같은 덩어리보다 고운 가루의 형태가 물에 더 잘 녹고, 도구로 잘 저어 주는 것도 설탕을 물에 잘 녹이는 방법 가운데 하나랍니다.

2. 소금을 이용해 좋은 볍씨 고르기

벼농사를 지을 때 소금물을 이용해 좋은 볍씨를 골라낼 수 있습니다. 물에 소금을 녹인 다음 볍씨를 띄웠을 때 알맹이가 실하지 못한 쭉정이는 위로 떠오르고 알이 꽉 찬 좋은 볍씨는 아래로 가라앉는답니다. 소금물의 싱겁고 짠 정도를 맞출 때에는 측정 기계가 없을 경우, 날달걀을 띄워서 500원 동전 크기만큼 달걀이 떠오르면 좋은 볍씨를 고르는 데 적합한 농도의 소금물이라고 할 수 있습니다.

🏠 모든 세균은 우리 몸에 해로울까?

"몽아, 설탕물이 그렇게 맛있어?"

동인이 말에 몽이가 대답이라도 하듯 꼬리를 신나게 흔들어 댔다.

"이제 그만 먹어. 설탕물 많이 먹으면 안 좋아."

"넌 아까 미숫가루에 그렇게 설탕을 많이 넣어 먹고서는."

설탕물이 든 컵을 몽이에게서 치우는 동인이를 보고 두람이가 코웃음을 치며 말했다.

동인이가 입을 삐죽대며 대꾸했다.

"나랑 강아지가 같나, 뭐."

설탕물을 가져가자 팔짝팔짝 뛰고 야단인 몽이 성화에 동인이는 컵을 마룻바닥에 내려놓았다. 그러자 흥분한 몽이가 신이 나서 달려들다가 컵을 엎어 설탕물이 바닥에 쏟아지고 말았다. 몽이는 바닥에 쏟아진 설탕물에 코를 박고 정신없이 핥아 먹었다.

"으악, 몽아! 쏟은 거 핥아 먹지 마! 바닥에 세균이 얼마나 많은데!"

몽이를 바닥에서 떼어 내며 동인이가 소리치자 서연이는 급히 몽이를 안아 올렸다.

"아이고, 이 말썽꾸러기야."

두람이는 급한 대로 바닥에 쏟아진 설탕물이 옆으로 흐르지 않게 휴지로 막았다. 시끌벅적한 소리를 듣고 방에 있던 엄마가 나오며 걱정스럽게 물었다.

"얘들아, 무슨 일이야?"

"엄마, 몽이가 바닥에 설탕물을 쏟았어요. 얘가 그걸 또 막 핥아 먹었어요."

엄마가 깨끗한 걸레에 물을 적셔 들고 와서는 장난스럽게 말했다.

"우리 몽이, 아줌마 도와주려고 바닥 청소했구나?"

두람이가 설탕물에 잔뜩 불은 휴지를 봉지에 담자 엄마는 엎어진 컵을 치우고 바닥을 깨끗이 닦았다. 서연이에게 안긴 몽이는 자기 잘못을 아는지 모르는지 눈치를 보는 것 같으면서도 입 주변 털에 묻은 설탕물을 혀로 바쁘게 핥았다.

동인이가 수건에 물을 적셔 몽이의 털과 발바닥에 묻은 설탕물을 닦으며 걱정스럽게 말했다.

"몽이 괜찮을지 모르겠네. 바닥에 나쁜 세균 잔뜩 있을 텐데."

청소를 끝낸 엄마가 몽이의 머리를 쓰다듬으며 말했다.

"괜찮을 거야. 이럴 줄 알고 엄마랑 아빠가 바닥 청소를 항상 깨끗이 하거든."

"세균같이 나쁜 건 왜 있는지 모르겠어. 세균 때문에 맨날 손 씻어야 하고, 힘들게 청소해야 하고. 정말 귀찮아."

동인이가 투덜거리자 엄마가 웃으며 말했다.

"그런데 동인이 너도 매일 세균 먹을걸? 엄마가 아침마다 세균 주는 거 몰랐어?"

동인이, 서연이, 두람이 모두 깜짝 놀랐다.

"매일, 세균을, 먹었다고요?"

동인이가 펄쩍 뛰며 단어마다 똑똑 끊어 되묻자 엄마가 한참 웃다가 말했다.

"그래, 너 아침마다 엄마가 만든 요구르트 먹잖아. 밥 먹을 때 김치도 먹고, 된장찌개도 먹었지."

"엄마는 맨날 나더러 외출하고 오면 손을 꼭 씻어야 나쁜 균 다 없어진다고 해 놓고선, 나한테 세균을 주면 어떡해요."

동인이가 울상을 한 채 말하자 두람이가 엄마에게 다시 물었다.

"엄마, 근데 그 음식들이랑 세균이 무슨 상관이 있어요?"

"세균이라고 해서 모두 우리 몸에 해로운 건 아니야. 동인이랑 두람이가 먹은 요구르트랑 치즈, 김치, 고추장이나 된장에는 우리 건강에 좋은 균이 많이 들어 있거든."

"엄마, 균이라는 게 나쁜 벌레 같은 거 아니었어요?"

아침에 잔뜩 먹은 세균들이 몸에 좋은 거였다는 말을 듣고 표정이 누그러진 동인이가 다시 물었다.

 "균이라는 건 아주아주 작은 생명체야. 물론 병을 일으키는 균도 있지만, 요구르트에 많이 든 유산균 같은 좋은 균은 사람의 장속에 들어가서 나쁜 병원균이 덜 생기게 하고, 비타민이 잘 흡수되도록 돕기도 해. 장을 건강하게 만드는 거지. 장이 건강해야 소화도 잘 되고,

소화가 잘 되어야 좋은 양분이 많이 흡수되어서 몸도 더욱 튼튼해지거든."

"아줌마, 유산균 말고 또 다른 좋은 균들은 없어요?"

"균은 종류도 기능도 아주 많아. 효모균은 맛있는 빵이나 막걸리를 만들 때 넣기도 해. 비피더스균도 유산균처럼 장 안에서 나쁜 균이 많이 생기지 않도록 하는 좋은 균이야. 대장균은 암을 진단하거나 치료를 목적으로 사용하지."

"엄마, 그럼 이제 손 안 씻어도 돼요?"

동인이가 잔뜩 기대에 부푼 표정으로 말하자 엄마가 동인이 손을 가져다가 이리저리 살피며 말했다.

"손은 꼭 씻어야 해. 결핵균, 폐렴균같이 우리 몸을 아프게 하는 균들도 아주 많거든. 특히 이 손은 나쁜 균들이 살기에 아주 좋은 환경이지."

엄마가 동인이를 향해 눈을 찡긋하고는 몽이를 다정하게 쓰다듬으며 말했다.

"하지만 모든 생명체의 몸은 자기 몸속에 들어온 나쁜 균들과 싸워 어느 정도 이길 수 있는 힘이 있단다. 좋은 균들이 그 힘이 더 생겨나도록 돕기도 하고 말이야. 그러니 평소에 몸을 건강하게 잘 유지해서, 나쁜 균들을 물리칠 수 있도록 해야겠지? 우리 몽이도 이렇게 활발하고 건강하니까, 바닥에 있는 세균 조금 먹어도 이겨 낼 수 있을 테니 걱정 안 해도 될 거야."

몽이가 엄마 말에 동의라도 하듯 힘차게 왕왕 짖었다.

1. 이로운 균과 해로운 균

세균에는 이로운 세균과 해로운 세균이 있습니다. 우리 몸에 이로운 세균에는 유산균, 효모균 등이 있습니다. 집에서 자주 먹는 김치는 발효되면 유산균이 더 많이 생겨서 우리 몸을 건강하게 해 주지요. 발효된 된장, 고추장에도 우리 몸에 좋은 균이 많이 들어 있습니다. 효모균은 빵을 부풀게 하여 더 풍부한 맛을 내게 해 주고, 메주를 띄울 때 짚을 이용하면 바실루스균이 메주를 더 맛있고 건강하게 만들어 준답니다. 결핵균, 폐렴균 등은 질병을 유발하는 해로운 균입니다.

2. 병원균을 치료하는 간단한 방법, 세척

1882년, 미생물학자인 로베르트 코흐(Robert koch, 1843~1910)에 의해 발견된 결핵균은 치명적인 전염병을 일으킵니다. 요즘은 결핵이 발견되면 기본적인 병원 처방으로 비교적 쉽게 완치할 수 있으나, 여전히 일 초에 한 명꼴로 환자가 발생하고 있는 무서운 전염병이라 할 수 있습니다. 전염병을 예방하는 가장 간단한 방법은 항상 손을 깨끗이 씻는 것입니다. 그리고 꾸준히 운동을 해서 몸을 건강하게 유지한다면, 몸에 침입한 해로운 병원균을 이겨 내는 면역력을 기를 수 있답니다.

🏠 온도계 눈금은 간격이 같을까?

두람이네 집에서 간식도 먹고 세균 이야기도 나누다 보니 어느새 날이 어둑해지기 시작했다. 서연이는 두람이와 동인이, 두람이 엄마에게 인사하고 몽이를 안은 채 집으로 향했다. 놀이터를 지나면서 서연이는 몽이를 땅에 내려놓고 같이 걸었다. 몽이는 설탕물도 많이 먹고 실컷 놀아서 그런지 기분이 좋아 보였다.

놀이터에서 놀던 아이들도 하나 둘 인사를 나누고 각자의 집으로 흩어졌다. 집 근처에서 서연이가 몽이를 다시 안아 올리려는데 누군가 반갑게 부르는 소리가 들렸다.

"서연아!"

"아빠?"

몽이도 아빠를 보자마자 꼬리를 붕붕 흔들며 뛰어가더니 반가워서 펄쩍펄쩍 뛰고 야단이었다. 서연이도 아빠를 향해 환하게 웃으며 뛰어갔다.

"어디 다녀와?"

"두람이네 집에서 놀다가 왔어요."

"그렇구나. 에고, 우리 몽이도 같이 놀다 온 거야? 서연이 배고프겠네. 얼른 들어가자."

서연이는 아빠 손을 꼭 잡고 집으로 들어갔다.

"자, 모이세요. 저녁 준비합시다!"

서연이랑 아빠랑 이야기를 나누는데 엄마가 부엌에서 불렀다.

"오늘 저녁 메뉴는 뭘까?"

아빠가 앞치마를 두르고 부엌으로 들어오며 말했다. 서연이는 아빠가 집에 일찍 들어오는 날이 제일 좋았다. 아빠와 함께 식사 준비를 하는 시간이 무척 즐겁기 때문이다.

"오늘 메뉴는 콩나물국과 콩나물 무침입니다."

엄마도 기분 좋은 목소리로 콧노래를 불렀다.

"와, 아빠가 좋아하는 거네."

서연이도 앞치마를 입고 엄마 옆에 섰다.

"엄마는 콩나물을 씻어 다듬을 테니까 그동안 두 분은 물을 끓여 주세요."

"서연아, 물을 좀 담아 오렴."

서연이는 냄비를 꺼내 정수기에서 물을 받아 아빠에게 가져갔다.

"냄비를 이렇게 얹고 가스 불을 켠 다음…… 서연아, 물 끓을 동안 우리 식탁이나 얼른 닦을까?"

"물 끓는 데 시간이 많이 걸려요?"

"음, 찬물을 얹었으니까 온도가 높아지려면 아무래도 시간이 조금 걸리겠지?"

"아빠, 물은 100℃(도)가 되어야 끓는 거죠?"

"물이 정말 100℃에서 끓는지 우리 직접 재어 볼까?"

"막대 온도계 가져올까요?"

"짜잔, 여기 조리용 온도계가 있지!"

요리를 좋아하는 아빠는 조리용 도구 모으기가 취미였다. 아빠는 조리용 온도계로 기름 온도도 재고, 빵 만들 때 반죽 온도도 재고, 스테이크 고기 구울 때도 온도계를 사용했다. 아빠는 적정한 온도에서 음식이 가장 맛있게 만들어진다고 늘 강조했다.

"이것 봐 서연아, 물거품이 작게 생기지? 이제 온도계를 넣어 보자. 아빠가 좋아하는 조리용 온도계! 이건 디지털이라 숫자가 정확하게 표시되지."

온도계 숫자가 90, 95로 점점 올라가더니 100에서 더 이상 올라가지 않았다.

"맞네. 물은 100℃에서 끓는구나. 우리 서연이 똑똑한데!"

아빠 칭찬에 서연이는 기분이 좋아 팔을 마구 휘둘렀다.

"사이좋은 두 분, 끓는 물은 100℃나 되어서 위험하니까 조심해야 해요."

엄마가 웃으며 말하자 서연이가 거수경례를 하며 힘차게 외쳤다.

"넵, 주의하겠습니다!"

"서연아, 그런데 물은 항상 100℃에서만 끓을까?"

물에서 온도계를 꺼내며 아빠가 물었다.

"네? 똑같은 물이라면 당연히 100℃에서만 끓겠죠?"

서연이 대답에 아빠가 식탁에 앉으며 덧붙였다.

"꼭 그렇지는 않아. 같은 물이라도 압력에 따라 끓는 온도가 달라질 수 있어."

"압력이요?"

"그래. 예전에 아빠랑 같이 산에 올라갈 때, 서연이 네가 귀가 멍멍해진다고 한 적 있지? 공기가 누르는 힘인 대기 압력이 낮아져서 그런 거야. 산 정상처럼 높은 곳에서는 압력이 낮아지는데, 그런 곳에서 물을 끓이면 100℃보다 낮은 온도에서도 물이 끓는단다."

"아. 압력이 낮아지면 끓는 온도가 낮아지고, 반대로 압력이 높으면 끓는 온도가 높아지네요?"

"역시 우리 서연이가 잘 이해했네."

아빠의 이야기를 듣던 엄마가 압력 밥솥을 가리키며 설명을 덧붙였다.

"밥을 할 때 압력 밥솥을 쓰는 것도 마찬가지 원리야. 밥솥 안의 압력이 높으니 물이 더 높은 온도에서 끓게 되고, 높은 온도에서 조리가 되니까 밥맛이 더 좋아지지."

서연이는 칙칙 소리를 내며 흔들리는 압력 밥솥의 추를 바라보며 고개를 끄덕였다.

어느새 밥과 국이 맛있게 준비되고, 다 함께 식탁에 모여 앉아 밥을 먹었다. 함께 준비한 저녁이라서 음식이 더 맛있었다.

식사가 마무리될 쯤 아빠가 식탁 옆에 꽂혀 있던 막대 온도계를 들어 보이며 말했다.

"서연아, 아빠가 또 신기한 거 보여 줄까?"

"자, 여기 온도계 눈금 간격을 한번 봐."

서연이는 아빠에게 온도계를 받아 눈금을 자세히 살펴보았다.

"뭐 이상한 거 없어?"

"음, 잘 모르겠는데요?"

온도계를 이리저리 돌려 봐도 서연이 눈에는 딱히 이상한 점이 눈에 띄지 않았다.

"여길 잘 보렴. 온도가 높을수록 눈금 간격이 넓어지고 있잖아."

"앗, 정말이다! 아빠, 이 온도계 불량 아니에요? 30cm 자처럼 온도계 눈금 간격도 모두 똑같아야 하는 것 아닌가?"

"막대 온도계는 보통 수은이나 알코올에 붉은 색소를 넣어 만들어. 물질은 본래 열을 받으면 부피가 늘어나고 움직임도 활발해지지. 그래서 온도계 안의 눈금도 높은 온도일수록 간격을 넓게 만든 거야. 반대로 물질이 열을 잃으면 부피도 줄고 분자 움직임도 느려지기 때문에 낮은 온도에서는 눈금 간격을 좁게 만든 거야."

"와, 온도계에 이런 비밀이 있는 줄 몰랐어요."

"자, 다들 밥도 맛있게 먹고 공부도 재미있게 했으니 식탁 정리도 잘 부탁해요."

엄마가 웃으며 말했다.

서연이는 오늘 아빠랑 이야기한 과학 정보를 두람이에게도 알려 줘야겠다고 생각했다.

"역시 우리 아빠 짱이야!"

"너 그러면서 은근슬쩍 아빠한테 설거지 다 떠넘기는 거 아니지?"

영문 모를 칭찬 세례를 받고 행복해진 아빠가 크게 웃었다.

1. 막대 온도계 눈금의 원리

막대 온도계는 액체의 부피가 열 변화에 따라 팽창하고 수축하는 원리를 이용해 만든 온도계입니다. 높은 온도에서는 부피가 팽창해 분자 운동이 더욱 활발하기 때문에 눈금 간격이 넓어야 비교적 정확한 온도를 측정할 수 있답니다.

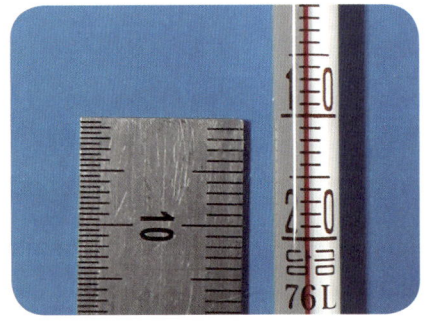
◉ 낮은 온도에서 온도계 눈금 간격.

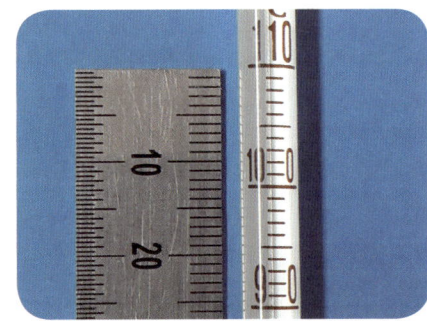
◉ 높은 온도에서 온도계 눈금 간격.

2. 열에 따른 액체의 부피 변화

냄비 가득 물을 넣고 끓이면 물이 냄비 밖으로 흘러넘치는 경우가 종종 있습니다. 대부분의 물질은 온도가 올라가면 길이나 면적, 부피 등이 늘어나는데 그런 현상을 **열팽창**이라고 합니다. 고체 상태의 물질은 열을 가해도 열팽창의 정도가 크지 않지만, 물과 같은 액체는 열팽창의 정도가 크게 일어납니다. 무더운 여름철에 바닷물 높이가 더 상승하는 것도 그 때문입니다.

스스로 실험실, 나는야 과학자!

액체 아파트

자연계에는 아주 다양한 종류의 물질들이 있습니다. 그 물질들 가운데 밀도가 큰 물질은 가라앉고, 밀도가 작은 물질은 위로 떠오르지요. 지금부터 물질에 관한 재미있는 밀도 실험을 소개합니다. 아래 설명을 잘 읽어 보고, 부모님과 함께 실험을 해 봅시다.

1. 준비물

   종이컵 3개, 식용 색소(3가지), 높이 약 10cm의 투명 유리컵, 물, 설탕, 찻숟가락

2. 이렇게 실험해 봐요!

① 종이컵 세 개에 식용 색소를 준비한 다음, 종이컵마다 물을 반쯤 채우고 각각 설탕을 10숟가락, 5숟가락, 1숟가락씩 넣는다.

우리 집에 숨어 있는 과학 오개념들 · 109

② 유리컵에 1번 종이컵의 설탕물을 $\frac{1}{3}$ 붓는다.

③ 유리컵에 2번 종이컵의 설탕물을 아주 천천히 $\frac{1}{3}$ 붓는다.

④ 마지막으로 3번 종이컵의 설탕물을 유리컵에 아주 천천히 $\frac{1}{3}$ 붓는다.

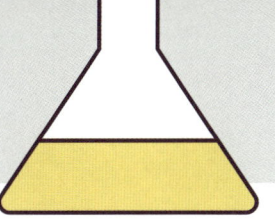

3. 유리컵 안에 나타나는 현상을 관찰해 보세요.
   ▶ 세 줄의 설탕물 층이 완성되었나요?
   ▶ 같은 설탕물인데 어떻게 이런 층이 만들어졌을까요?

알고 갑시다

'액체 아파트' 실험을 잘 해 보았나요?

이 실험은 용액에 따라 밀도가 다름을 이용한 물 탑 쌓기 실험입니다. **밀도**란, 단위 부피당 질량을 나타내는 값을 말합니다. 부피가 같을 경우 밀도가 큰 액체가 밀도가 작은 액체보다 더 무겁기 때문에 설탕 10숟가락을 넣은 설탕물을 유리컵 맨 밑에 넣습니다. 다음은 5숟가락이 담긴 설탕물, 그다음은 1숟가락이 담긴 설탕물 순으로 넣는 것입니다. 그러면 밀도 차이에 따라 층을 이루게 됩니다. 같은 설탕물이라도 밀도가 다르면 물이 섞이지 않을 수 있음을 보여 주는 실험이지요. 또한 부피가 같을 때 무거운 것일수록 밀도가 크기 때문에 일반적으로 **고체 > 액체 > 기체** 순으로 밀도가 큽니다.

낙뢰가 떨어질 때 나무 밑에 있으면 안전할까?
산성비를 맞으면 대머리가 될까?
떨어지는 빗방울 모양은 동그랄까?
지렁이는 비를 좋아할까?
움직이지 않으면 모두 식물일까?

낙뢰가 떨어질 때 나무 밑에 있으면 안전할까?

긴 여름 방학도 끝나 가고 있었다. 두람이와 동인이, 서연이는 놀이터로 모였다. 개학이 얼마 남지 않았으니 남은 방학 동안 더욱 알차게 놀기로 한 것이다. 오늘은 놀이터에서 동네 아이들 모두 같이 물총 놀이를 하기로 했다. 각자 커다란 물총을 들고 신나게 물을 뿌려 대니 더위도 한 방에 날아가는 것 같았다.

툭, 툭.

동인이 머리 위로 빗방울이 떨어졌다.

"어? 나, 비 맞았어!"

두람이와 서연이가 하늘을 올려다보았다. 햇볕은 여전히 뜨겁게 내리쬐고 있었다.

"에이, 하늘이 이렇게 맑은데 비는 무슨……."

두람이가 대수롭지 않은 듯 중얼거리자마자, 멀리서 번쩍하고 번개가 치더니 우르르릉 하는 소리가 들려왔다.

"엄마야! 진짜 소나기 오려나 봐."

서연이 말이 끝나기가 무섭게 순식간에 먹구름이 잔뜩 끼는가 싶더니 굵은 빗방울이 후드득 떨어졌다.

"우르르릉 쾅쾅!"

엄청나게 큰 천둥소리와 함께 빗방울은 더 굵어졌고, 곧 앞도 보이지 않을 만큼 비가 쏟아졌다.

"얘들아, 저기 큰 나무 밑으로 가자."

두람이 말에 서연이와 동인이가 나무 쪽으로 냅다 뛰기 시작했다. 강아지 몽이는 영문도 모르고 신나게 서연이 뒤를 쫓았다.

커다란 플라타너스는 잎도 크고 무성해서 비를 잘 막아 주었다.

"나무는 참 여러 가지로 고마워. 햇볕이 뜨거우면 시원한 그늘을 주고, 비가 쏟아지면 나뭇잎으로 빗방울도 막아 주잖아."

서연이 친구 현주도 비를 피하려고 나무 밑으로 뛰어 들어왔다. 놀이터 쪽에서는 동네 아이들이 요령껏 비를 피하고 있었다. 미끄럼틀 아래 두 명, 나무 정자 위에 일곱 명, 건물 처마 밑에도 아이들 다섯이 쪼르르 숨어 있었다. 어떤 아이들은 그대로 비를 맞으며 집으로 뛰어갔다.

먹구름 때문에 한낮인데도 저녁 무렵처럼 어둑어둑했다. 언제쯤 빗줄기가 약해지려나, 두람이가 걱정스러운 얼굴로 하늘을 올려다보자마자 또 한 번 번개가 번쩍했다.

"아이고 깜짝이야!"

동인이는 화들짝 놀라 두람이 뒤로 숨었다.

"하나, 둘, 셋, 넷, 다섯, 여섯, 일곱!"

서연이와 현주가 함께 숫자를 일곱까지 세자, 마침 천둥이 우르릉 쾅! 하고 울려 퍼졌다.

"형, 여기 무서워. 우리 다른 곳으로 피하자."

"비가 이렇게 오는데 어디로 가? 엄마가 그러는데 여름 소나기는 금방 왔다가 지나간댔어. 여기서 조금만 기다리면 금방 그칠 거야."

두람이가 태평스럽게 말했다.

"번개 맞을까 봐 무섭단 말이야."

동인이 말에 서연이가 하늘을 올려다보며 말했다.

"걱정 마, 동인아. 번개는 땅으로 떨어지지 않아. 저기 공중에서만 치지."

"그럼 땅에 내려와서 나무도 쪼개고, 건물 위로도 떨어지고 하는 건 뭐야?"

"그건 낙뢰라고 해. 번개나 벼락이나 낙뢰나 그게 그거지만."

서연이가 장난스럽게 웃으며 말하자 현주가 덧붙였다.

"사람이 낙뢰에 맞을 확률이 로또에 당첨될 확률보다도 낮다던데?

전에 텔레비전에서 봤어. 벼락을 맞는 게 그만큼 흔치 않으니까 그렇겠지. 그래서 복권에 당첨되면 벼락부자가 되었다고 하잖아. 히히."
"누나, 그렇지만 확률이 적을 뿐이지 벼락을 맞을 수도 있

다는 거잖아. 그리고 우리는 지금 나무 밑에 있다고."

동인이 말에 서연이가 깜짝 놀라며 대꾸했다.

"동인이 말이 맞아. 우리 아빠도 번개가 칠 때는 나무 밑에 있으면 안 된다고 했어. 벼락이 떨어지기 쉬운 곳이니까."

"맞아. 나도 아빠 따라서 등산 가다가, 벼락을 맞고 나무가 쓰러져 있는 걸 봤어. 그러고 보면 번개는 나무를 좋아하나 봐."

현주의 말을 듣고 있던 두람이는 놀이터 쪽에 있는 아이들이 걱정되었다.

"그럼 정자 위에 있는 애들은 위험하겠다. 정자도 나무로 만들었잖아. 우리도 여기 있지 말고 미끄럼틀 쪽으로 갈까? 아님 저 높은 건물은 어때?"

"미끄럼틀도 그리 안전하지는 않을 것 같아. 번개는 높이가 높고 전기가 통하는 물체를 좋아한다고 했어. 지그재그 모양으로 내려오다가, 땅 위에서 높은 건물이나 키 큰 나무 쪽으로 순식간에 내려치는 거지."

현주 말에 동인이가 되물었다.

"주위보다 높고 전기가 통하는 물체로 벼락이 떨어진다면, 우산을 쓰고 있어도 위험하겠네? 우산도 높이 들게 되고, 가운데 우산대가 쇠로 되어 있잖아!"

"그럼 천둥 번개 치는 날에는 우산을 안 가지고 다녀야 하나?"

두람이 말에 서연이가 대신 대답했다.

"그래서 우산 끝에 전기가 잘 안 통하는 플라스틱 꼭지를 덧씌워 둔 거야."

"끝이 쇠로 되어 있거나 뾰족한 것보다는 나을 수 있겠지만, 그래도 우산은 일단 내 몸보다 높게 들게 되니까 벼락이 떨어질 때 위험한 건 마찬가지야."

현주 설명을 들은 동인이가 씩씩거리며 말했다.

"뭐야, 그럼. 이렇게 나무 밑에 숨어도 안 되고, 우산을 써도 안 되고, 어떡하라는 거야. 그냥 비를 맞든지 벼락을 맞든지 하란 말이잖아!"

천둥소리에 겁먹은 몽이가 잔뜩 웅크리며 서연이 품으로 파고들었다. 먹구름은 걷히지 않았지만 빗방울은 조금 약해진 듯했다.

몽이를 꼭 안고 토닥이며 서연이가 말했다.

"아빠 말로는, 번개가 치는 날에는 몸을 되도록 낮춰 다니고 높은 나무 아래 서 있는 건 피하라고 했어. 차라리 건물 안으로 들어가거나, 자동차가 있다면 차 안이 더 안전하대."

"나 무서워, 누나. 이 나무가 주변에서 키가 제일 크잖아. 우리 빨리 다른 곳으로 피하자."

동인이가 발을 동동 구르자, 현주가 물총을 머리에 이더니 용감하게 빗속으로 뛰어들며 말했다.

"얘들아, 여기서 우리 집이 제일 가까우니까 우리 집으로 가자! 얼른 따라와!"

현주 뒤를 따라 서연이, 두람이, 동인이가 줄줄이 빗속을 달리기 시작했다.

제일 앞에서 뛰던 현주가 높은 건물 처마 밑으로 들어갔다.

"누나, 이 건물도 꽤 높은데 괜찮을까?"

동인이 말에 현주가 손가락으로 건물 위쪽 끝을 가리켰다. 동인이가 그쪽을 유심히 보더니 깜짝 놀라며 소리쳤다.

"으악, 저건 웬 안테나야! 끝도 뾰족하고, 쇠로 되어 있으니까 번개가 딱 좋아하겠는데. 벼락을 맞기 위한 발명품이잖아. 우리 빨리 다른 데로 가자!"

동인이가 발을 동동 구르며 재촉하자 흥분한 몽이도 덩달아 왈왈 짖어 댔다.

"저건 벼락 피해를 막아 주는 안전한 피뢰침이야."

"저 작은 쇠 바늘 같은 게 어떻게 벼락을 막는다는 거야?"

두람이 말에 서연이가 대신 대답했다.

"번개도 일종의 전기야. 저렇게 꼭대기에 전기가 잘 통하는 아주 작은 바늘을 달면, 전기가 건물 외부에 큰 충격을 주지 않고 바늘을 통과해서 안전하게 땅속으로 흘러들어 가. 그럼 사람도 안전하고, 벼락이 쳐도 집에 있는 세탁기나 텔레비전 같은 전자 제품도 파손되지 않고 안전해."

서연이의 설명에 현주가 덧붙였다.

"일종의 예방 접종 같은 원리지. 저건 우리 아빠가 안전을 위해서 높게 세운 피뢰침이야."

"우아, 여기가 누나네 집이야? 휴, 그럼 우리 이제 안전한 거지?"

동인이가 어깨에 멘 물총을 벗으며 바닥에 털썩 주저앉자 몽이가 동인이 품으로 폴짝 달려들었다.

개념 Talk!

1. 벼락을 피하는 안전한 방법

번개가 치는 날에는 되도록 집 안에 있는 것이 가장 안전합니다. 또한 밖에 있더라도 건물 안이나 자동차 안에 머무르는 것이 안전하지요. 물이 높은 곳에서 낮은 곳으로 흐르는 것처럼, 벼락 또한 순간적으로 가까운 피뢰침이나 금속으로 된 자동차로 흐르기 쉽습니다. 차는 겉이 금속으로 둘러싸여 있기 때문에 전류가 잘 통하지 않는 물체보다 벼락을 잘 유도합니다. 일단 벼락이 금속으로 유도되면 그때부터는 금속을 따라서만 전류가 흐르기 때문에 금속이 아닌 소재로 된 차 안은 안전한 것이지요. 마치 전류가 전선을 따라 흐르고 전선 밖으로 흐르지 않는 이유와 같은 경우입니다.

2. 피뢰침의 원리를 이용한 전기 코드와 콘센트

벼락이 떨어졌을 때 건물 외부 충격이나 가정에서 많이 쓰는 전자 제품을 보호하기 위해 높은 건물이나 주택 지붕에 피뢰침을 설치합니다. 피뢰침은 높은 건물 꼭대기에 뾰족한 막대를 세운 다음 전기가 잘 통하는 구리선을 땅속까지 연결해서 묻습니다. 그러

● 지붕 위 피뢰침

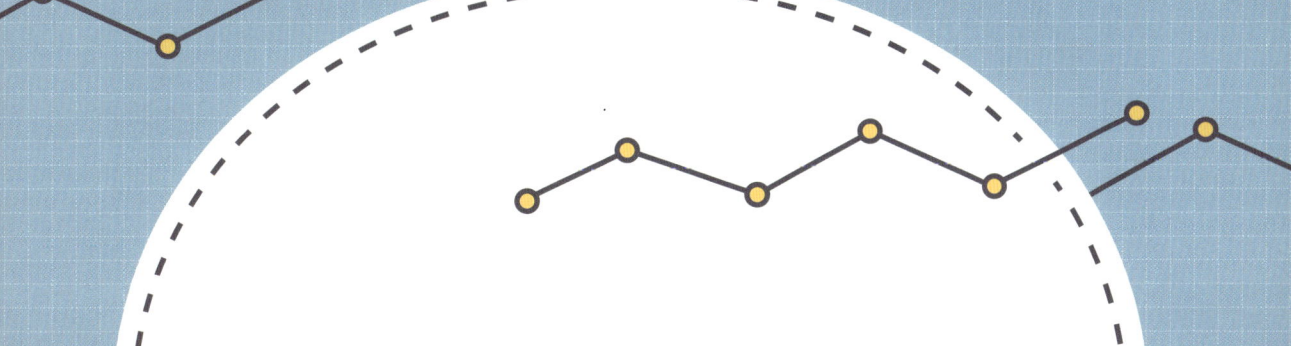

면 벼락이 떨어져도 큰 전류가 건물에 직접 충격을 가하지 않고, 피뢰침과 구리선을 통해 땅속으로 흘러가 버리지요. 그런데 집 안에서 전자 제품을 쓰기 위해 사용하는 전기 코드와 콘센트 안에도 피뢰침처럼 벼락이 쳐도 안전할 수 있게 해 주는 접지선이 있답니다. 다른 말로 어스(earth)선이라고도 합니다.

◉ 가정용 콘센트에 있는 접지선.

◉ 코드에 달린 접지선.

산성비를 맞으면 대머리가 될까?

거센 소나기가 한바탕 지나간 뒤, 숨어 있던 햇살이 놀이터로 쏟아져 나왔다. 비를 피해 미끄럼틀 아래와 나무 정자 위, 건물 처마 밑으로 숨어들었던 아이들도 하나 둘 고개를 내밀었다. 멈췄던 놀이터 분수가 다시 시원하게 물을 뿜어 올리자, 분수 사이로 부드러운 무지개가 꽃처럼 피어올랐다.

"와, 비가 오고 나니까 시원해졌어!"

비가 완전히 그친 걸 확인하자 아이들은 햇살처럼 다시 놀이터로 쏟아져 나왔다. 동인이와 두람이, 서연이도 놀이터로 들어섰다.

"안 되겠다. 두람아, 난 집으로 가야겠어."

서연이가 축축한 몽이 털의 물기를 털어 주며 말했다.

"왜? 이제 비 안 올 것 같은데."

"아까 비를 많이 맞았잖아. 집에 가서 좀 씻으려고."

서연이가 머리카락을 손으로 툭툭 털면서 말했다. 몽이도 서연이를 따라 털을 푸르르 흔들어 물기를 떨어냈다.

"에이, 분수에서 놀면 어차피 또 젖을 거야. 이왕 젖은 거 시원하게 좀 더 놀다 가자."

두람이는 소나기 때문에 많이 놀지 못해서 아쉬웠다.

"형, 누나! 얼른 와. 여기 시원해."

동인이는 아예 물놀이 분수 수영장에 들어가서 풍덩풍덩 물장구까지 쳤다.

"너 혹시 대머리 될까 봐 그래?"

두람이 말에 서연이가 눈이 동그랗게 떴다.

"갑자기 그게 무슨 말이야?"

"요즘 비가 산성비라고 하잖아. 산성비를 많이 맞으면 대머리가 된대. 너 그래서 빨리 머리 감으려는 거 아니야?"

"참 나, 비를 맞으면 감기에 걸리기 쉬우니까 빨리 씻고 말려 주려고 그러지. 그런데 산성비를 맞으면 대머리 된다는 말은 어디서 들은 거야?"

"형, 누나, 뭐 해? 얼른 와."

기다리다가 답답했는지 동인이가 두람이와 서연이 쪽으로 다가왔다.

"반 애들이 그러던데? 요즘 내리는 산성비를 맞으면 나중에 머리카락 다 빠진다고?"

두람이 말을 들은 동인이가 화들짝 놀라며 자기 머리를 감쌌다.

"정말? 비 맞으면 대머리 된대? 으악, 나 어떡해!"

"어떡하긴, 뭘 어떡해. 너도 대머리 되는 거지. 오늘 놀이터에서 놀다가 비 맞은 애들 모조리 대머리 되는 거야."

두람이가 깔깔거리며 배를 움켜쥐었다.

"산성비를 맞는다고 대머리가 되는 건 아니야."

서연이가 안고 있던 몽이를 바닥에 내려놓으며 말했다.

"확실해, 누나?"

동인이는 그래도 불안하다는 듯 연신 되물었다.

"그래. 내가 텔레비전에서 봤는데 산성비가 대머리의 원인이라는 명확한 과학적 근거는 없댔어. 우리가 매일 쓰는 샴푸 있지? 그게 우리나라에서 내리는 산성비보다 산도가 더 높다던데?"

두람이 눈이 휘둥그레지자 서연이가 웃으며 말했다.

"산성비 조금 맞는다고 대머리 되면, 우린 산성비보다 더 센 샴푸를 매일매일 쓰는데 그럼 버얼써 대머리가 다 됐게?"

동인이가 자신의 젖은 머리털을 소중히 감싸며 투덜댔다.

"산성비 같은 건 도대체 왜 내리는 거야?"

동인이가 소중히 쓸어내리는 머리카락을 두람이가 다시 마구 흩트리며 대답했다.

"공기가 오염되어서 그렇잖아. 자동차 배기가스나 공장 굴뚝에서 나오는 해로운 물질들이 공기에 섞이는데, 비가 내리면 그 오염 물질이 빗물에 섞여 내리는 거야."

두람이 말에 서연이가 한마디 덧붙였다.

"다른 나라에서 건너오는 미세 먼지나 황사도 한몫 톡톡히 하고 말이야."

서연이 말에 맞장구치듯 두람이가 설명을 이었다.

"산성비 때문에 흙이 오염되어서 식물도 잘 살 수 없고, 물도 오염되어서 물고기가 죽기도 한다고 뉴스에서 봤어."

"대리석으로 만든 조각품이나 건축물, 문화재가 상하기도 한대."

서연이도 거들었다.

"맞아, 환경 오염 때문에 산성비가 내리고, 오염 물질이 포함된 산성비 때문에 또 환경이 오염되니까 정말 악순환인 거 같아."

동인이가 울상이 된 얼굴로 웅얼거렸다.

"산성비가 그렇게 안 좋으면, 사람이 맞아서 좋을 건 없잖아."

동인이 말에 서연이가 웃으며 말했다.

"아빠 말로는, 산성비를 맞아서 대머리가 되는지 확실치는 않지만 오염 물질이 섞인 비를 너무 많이 또 자주 맞거나, 비를 맞은 뒤에 잘 씻고 말리지 않으면 탈모가 올 수는 있댔어. 머리가 쑥쑥 빠지는 거 말이야. 비듬 같은 것도 생기고. 한마디로 머리에 곰팡이가 생기는 거지."

"어? 동인이 너 머리에 비듬 있지 않았어?"

두람이가 동인이 머리를 붙들고 이리저리 살펴보는 척 장난을 쳤다. 동인이가 당황해하며 말했다.

"비듬은 무슨 비듬! 내가 머리를 얼마나 잘 감는데."

"근데 너 맨날 머리 감고는 안 말리고 그냥 자 버리잖아. 머리 냄새도 가끔 나는 것 같던데?"

"아, 아니라니까······. 근데 형, 우리도 얼른 집에 가서 머리부터 감자."

서연이가 장난스럽게 물었다.

"동인아, 더 놀다 들어간다며? 너도 대머리 될까 봐 무서워서 그래?"

"대, 대머리가 무섭기는 뭐, 뭘! 그거 맞는다고 대머리 되는 거 아니라며! 아니 비를 맞으면 안 좋긴 하다니까······. 형, 그럼 나 먼저 집에 가서 씻을게. 형은 천천히 더 놀다 와!"

동인이가 부리나케 먼저 달려가자 두람이도 소리치며 동인이를 뒤쫓아 갔다.

"뭐야, 너 혼자만 대머리 되기 싫다 이거지. 거기 서! 내가 먼저 씻을 거야!"

동인이와 두람이가 뛰어가자, 술래잡기라도 하는 줄 아는지 몽이가 꼬리를 붕붕 흔들며 신나게 쫓아갔다.

"얘들아, 같이 가! 몽아, 너까지 날 버리고 가 버리기냐!"

1. 산성비가 입히는 피해

산성의 세기 정도를 나타내는 산성도 PH는 수치가 낮을수록 강한 산성을 띱니다. 오염되지 않는 비의 산성도는 보통 PH5.6 정도인데, 오염이 심한 날의 산성비 농도는 PH2.6까지 강해진답니다. 산성비는 토양과 하천을 오염시켜 식물이나 물고기에게 큰 피해를 입힐 뿐만 아니라 건축물을 부식시키기도 합니다. 세계 문화유산으로 지정된 유적지나 유물이 훼손되는 주된 이유도 바로 산성비 때문입니다. 산성비를 맞는다고 머리가 모두 빠지는 건 아니지만, 오래 노출되면 탈모와 탈색이 일어날 수 있으니 비를 맞은 날은 머리를 깨끗이 감고 잘 말리는 것이 좋습니다.

○ 캄보디아 고대 유적지의 돌 조각상들이 산성비로 부식되어 심각하게 훼손되었습니다.

2. 황사와 미세 먼지

산성비와 함께 요즘 심각한 문제가 바로 황사와 미세 먼지입니다. 비가 내리지 않는 날에도 공기 중의 아황산 가스와 질소 산화물, 중금속 오염 문제는 아주 심각합니다. 공기 중의 오염 물질은 사람의 피부와 폐에 직접적인 영향을 미치기 때문이지요. 납과 카드뮴과 같은 중금속 성분이 섞인 황사나 미세 먼지는 호흡기로 들어가 알레르기성 비염과 천식, 폐 질환 등을 유발합니다. 따라서 산성비가 내리는 날은 꼭 우산을 쓰고, 황사와 미세 먼지가 심한 날은 되도록 외출을 삼가되, 마스크를 쓰는 것이 좋습니다. 또 외출하고 돌아오면 반드시 온몸을 깨끗이 씻어 개인위생에 주의를 기울여야 합니다.

● 황사와 미세 먼지로 대기가 누런빛을 띠고 있습니다.

떨어지는 빗방울 모양은 동그랄까?

 소나기를 맞아 축축해진 것도 잊은 채 두람이와 동인이, 서연이와 강아지 몽이가 골목을 따라 신나게 달릴 때였다. 몽이가 갑자기 사람들로 붐비는 골목 안길 한쪽에 죽 설치된 천막 앞에 멈춰 섰다.
 "몽아, 왜 그래?"
 서연이 말에 두람이와 동인이가 무슨 일인가 싶어 뜀박질을 멈추고 몽이에게 달려왔다.
 "형, 우리 저기 가 보자."
 떡볶이 냄새가 솔솔 나는 쪽을 가리키며 동인이가 말했다.
 "너 또 배고파서 그러지?"
 "알면서 뭘 물어? 우리 떡볶이 사 먹고 가자."
 두람이가 서연이 쪽을 바라봤다.
 "그래, 나도 배고프다. 우리 떡볶이 한 접시 먹자."
 한 달에 한 번, 환경 나눔 행사가 있는 토요일 오후의 동네 공터는 붐비는 사람들로 시끌벅적했다. 이날은 어린아이부터 어른까지, 쓰다가 버리기 아까운 물건을 가지고 와서 사고팔았다. 수익의 일부는 환경을 보호하는 일에 기부할 수도 있었다. 또 환경 단체 활동가들이 나와서 지구 환경을 보호할 수 있는 법을 교육하기도 했다.

행사장에도 소나기가 한바탕 지나갔는지 사람들이 모두 천막 안에 몰려 있었다.

"형, 저기 삼촌이다. 삼촌!"

동인이가 떡볶이 파는 천막 안에서 삼촌을 발견하고 반갑게 불렀다.

"어? 동인이랑 두람이구나."

"안녕하세요?"

몽이를 안아 올리며 서연이도 인사를 했다.

"서연이도 왔네? 반가워."

"삼촌, 우리 떡볶이 사 주세요. 네?"

"그래, 삼촌이 떡볶이 사 줄게. 실컷 먹어."

동인이와 두람이는 환호성을 외치며 접시 가득 떡과 어묵을 담았다.

"너희들도 벼룩시장에 참여하려고 왔어?"

"아니요, 놀이터에서 놀다가 집에 가는 길이었어요. 떡볶이 냄새를 맡고 왔어요."

동인이가 입안 가득 떡볶이를 물고 우물거리며 말했다.

"삼촌은 어떻게 오셨어요?"

"환경 나눔 행사에 참여해 보려고 나왔지."

똑, 똑.

그때 천막 끝에 방울방울 맺혀 있던 빗방울이 삼촌 옷으로 후드득 떨어졌다.

"어! 삼촌, 옷에 빗방울이 떨어져요."

"어이쿠, 아까 비가 한바탕 퍼붓고 지나가더니 천막 위에 아직 물이 고여 있었나 보구나."

삼촌이 웃으며 옷에 묻은 빗방울들을 떨어냈다.

동인이는 떡볶이를 먹다 말고 천막 끝에서 떨어지는 빗방울을 손바닥으로 받으려 손을 뻗었다. 빗방울들이 손바닥 위에 떨어져 톡톡 터지는 게 재미있었다. 그때 물방울 하나가 두람이 정수리 위로 툭 하고 떨어졌다.

"아, 차가워! 나 엄청나게 큰 빗방울 맞았어."

삼촌이 두람이의 젖은 머리를 털어 주며 웃었다.

"그래도 빗방울이 작으니 망정이지, 야구공처럼 컸으면 큰일 날 뻔했다."

"와, 하늘에서 진짜 야구공만 하고 동그란 빗방울이 떨어지면 정말 무섭겠다."

동인이 말에 삼촌이 웃으며 말했다.

"떨어지는 빗방울은 공처럼 아주 동그랗지는 않아."

"동그랗지 않다고요?"

두람이가 고개를 갸웃거리며 삼촌에게 되물었다.

"그림책이나 만화책 같은 데서 보면 빗방울 모양을 위는 뾰족하고 아래는 둥글게 그리잖아."

서연이가 어묵 하나를 입에 쏙 넣으며 말했다.

"그런데 저기 맺힌 물방울이나, 내 손바닥에 떨어지는 빗방울들은 다 동그란 모양인데요?"

"동인이랑 두람이, 지난번에 삼촌이랑 과학관 갔을 때 빗물 놀이터 본 거 생각나지? 그때 과학관 선생님이 비가 어떻게 온다고 설명했더라?"

두람이가 더듬더듬 설명했다.

"바닷물이나 강물이 증발해서 하늘 높이 올라가면 구름이 만들어지고, 구름이 점점 커져서 무거워지면 빗물이 되어서 땅으로 떨어져요. 빗방울이 떨어질 때 중력과 공기 저항이…… 뭐라고 했더라?"

두람이는 서연이 앞이라 자신 있게 대답하고 싶었지만 중력 이야기부터는 잘 떠오르지 않았다.

"우리 두람이가 그때 과학관 선생님 설명을 아주 잘 들었는데? 하늘 높이 올라갈수록 온도가 낮아지기 때문에 수증기는 다시 물로 바

꿔고, 그 물이 중력 때문에 땅으로 떨어져. 그런데 빗물이 떨어지는 과정에서 원래 공처럼 동그랗던 모양이 찐빵처럼 납작해진단다."

서연이가 삼촌에게 물었다.

"왜 모양이 찐빵처럼 납작해져요?"

"자, 삼촌한테 풍선이 있어. 안 쓰던 파티 용품을 오늘 행사에 좀 가지고 나왔거든."

삼촌은 천막 옆에 있는 동네 공원 수도꼭지에서 풍선에 물을 담아 왔다.

"물 풍선이네. 삼촌 남은 풍선 우리도 좀 주세요. 아까 놀이터에서 물총 싸움을 하고 왔거든요. 애들아, 저걸로 폭탄 만들면 되겠다."

물 풍선을 보고 눈이 번쩍 뜨인 두람이가 신이 나서 소리쳤다.

"알았어. 이따가 삼촌이 남은 풍선들 몇 개 더 챙겨 줄게."

삼촌은 입구 부분을 묶은 풍선을 쥐고 위로 들어 올렸다.

"이 물 풍선을 빗방울이라고 생각해 봐. 사실 물방울은 원래 공처럼 동글동글한 모양이야. 물 분자들은 서로 뭉치려는 성질이 있거든. 근데 이 물방울이 중력 때문에 위에서 아래로 떨어질 때 공기 저항을 받는단다."

서연이가 손을 번쩍 들고 말했다.

"공기 저항이라면 과학 시간에 들은 적 있어요. 물체가 움직일 때 공기에 부딪히는 힘이잖아요."

두람이도 서연이 말에 맞장구쳤다.

"맞아, 지구 중력 때문에!"

삼촌은 물 풍선을 아래로 천천히 내리다가 물풍선 아래로 손바닥을 살며시 받쳤다.

"그래. 이 풍선, 아니 빗물은 중력 때문에 위에서 아래로 떨어지면서 공기 저항을 받을 거야. 삼촌 손이 바로 공기 저항이야. 자, 풍선 모양이 어떻게 변했어?"

"내가 좋아하는 찐빵 모양이잖아요!"

두람이가 동인이 머리를 살짝 쥐어박았다.

"으이그, 하여간 넌 맨날 먹을 거 생각만 하냐."

삼촌이 웃으면서 말했다.

"우주인들이 무중력 상태의 우주선에서 물 마시는 장면을 본 적 있니?"

"네, 텔레비전에서 봤어요. 물이 아래로 쏟아지지 않고 공중에 공처럼 둥둥 떠다니던데요?"

"중력이 작용하지 않는 곳에서는 물방울이 공처럼 구 모양이야. 아까 삼촌이 잠깐 얘기했지만, 물이 서로 동그랗게 뭉치려는 성질 때문에 그렇지. 하지만 지구에서는 지구 중력이 크게 작용하는 데다가 아주 높은 곳에서 떨어지기 때문에 공기 저항을 많이 받아 더 작게 쪼개져서 흩어져 버려."

"빗물이 찐빵만 한 크기로 내리면, 빗방울이 찐빵 모양으로 되는 게 더 잘 보일 텐데."

동인이 말에 서연이가 웃으며 말했다.

"찐빵만 한 빗방울이 아니라, 동인이 넌 그냥 찐빵이 내리기를 더 바라는 거 아냐?"

삼촌과 두람이가 깔깔거리며 웃었다.

"자, 떡볶이 다 먹었으면 이제 찐빵이나 먹으러 가 볼까?"

"출발!"

입가에 떡볶이 국물을 잔뜩 묻힌 채 동인이가 힘차게 앞장섰다.

1. 떨어지는 빗방울의 모양

구름을 이루고 있는 물방울들은 지름이 0.02mm로 그 크기가 매우 작아서 안개와 같이 공기 중에 떠 있게 됩니다. 그러나 이 작은 물방울들이 백만 개가 모여 뭉치면 지름이 2mm인 빗방울이 됩니다. 이 빗방울은 커지면서 무게를 견디지 못하고 땅으로 떨어집니다. 이때 대기 중의 공기들이 빗방울 밑면에 부딪혀 밑면이 평평한 빵 모양이 됩니다. 만약 0.02mm의 빗방울이라면 공기와 부딪히는 면이 작아서 거의 공 모양을 유지할 수 있지만, 일반적으로 빗방울은 빵 모양으로 떨어지게 됩니다.

2. 세계 최초의 빗물 측정기, 측우기

측우기는 1441년(세종 23년)에 세계 최초로 비의 양을 측정하기 위해 만든 기구입니다. 측우기는 주철 또는 청동으로 만든 원통형의 본체와 돌로 만든 측우기대, 고인 빗물의 깊이를 재기 위한 자(주척)의 세 부분으로 구성됩니다. 그런데 측우기 본체 모양이 사각형이나 오각형이 아닌 원통으로 만들어진 이유는 무엇일까요? 그것은 비의 양을 좀 더 정확히 재기 위해서입니다. 만약 사각형으로 만들었다면 바람이 불거나 사각형의 모서리나 면에서 튀어 들어가는 비의 양이 다르기 때문에 이러한 오차를 줄이기 위해서 원통형으로 만들었다고 합니다.

지렁이는 비를 좋아할까?

화창한 일요일 아침, 두람이와 서연이는 자전거를 타고 동네를 한 바퀴 돌아보기로 했다. 볕이 쨍쨍해서 오늘도 무척 더울 것 같았지만 어제 새벽까지 비가 와서 공기는 무척 상쾌했다. 자전거 타기에 정말 좋은 날씨였다.

"으악!"

서연이네 집 앞에 자전거를 세우던 두람이가 화들짝 놀라 자전거를 밀쳐 내며 펄쩍 뛰었다.

"왜 그래?"

집에서 자전거를 끌고 나오던 서연이가 그 광경을 보고 놀라서 물었다. 두람이가 손가락으로 땅을 가리키며 얼굴을 찌푸렸다.

"무지 큰 지렁이야! 자전거로 밟을 뻔했어."

굵고 기다란 지렁이가 흙모래를 뒤집어쓴 채 바닥에서 꿈틀거리고 있었다.

서연이는 자전거를 한쪽에 세워 두고 두람이 쪽으로 다가가 바닥 주변을 살폈다.

"여기 봐. 지렁이가 또 있어."

또 다른 지렁이를 발견한 서연이가 쭈그리고 앉아 한참을 들여다보았다.

"비가 많이 오고 나면 지렁이들이 꼭 이렇게 길가에 잔뜩 나와 있더라."

"물이 먹고 싶어서 그런가?"

두람이는 지렁이 가까이 오지는 못하고 서연이 뒤쪽에 멀찍이 서서 말했다.

"아, 햇볕 때문에 피부가 따가운가 봐. 엄청 꿈틀거려."

"물이라도 뿌려 줄까?"

두람이는 옆에 버려진 요구르트 병 하나를 주워서 빗물이 고인 웅덩이 쪽으로 뛰어갔다.

"이거 지렁이 몸에 좀 부어 주자."

"근데 얘는 입이 어디지? 입 쪽으로 줘야 물을 마실 텐데."

서연이가 눈을 한껏 낮춰 지렁이를 살폈다.

"머리랑 꼬리랑 거의 비슷하게 생겼어."

"악! 서연아, 너 안 징그러워?"

두람이가 잔뜩 겁에 질린 얼굴로 묻자 서연이가 짓궂은 표정으로 말했다.

"안 징그러워. 은근 귀여운데."

서연이는 지렁이 근처에서 나뭇가지 하나를 주워 물이 더 많이 고인 곳으로 지렁이를 옮겨 주었다.

"두람아, 너도 이리 와서 자세히 한번 봐. 지렁이가 입으로 물 마시는 게 보여?"

"글쎄, 모르겠는걸. 물 쪽에 놔둬도 꿈틀거리네."

"그러게. 이유가 뭘까?"

"물로 피부를 식히는 건가? 피부가 뜨거워서 말이야. 아니면 마사지라도 하나?"

두람이의 말에 서연이가 고개를 들었다.

"뭐? 마사지?"

"그래, 지렁이는 몸이 축축하고 미끄럽잖아. 그런데 여름에는 햇볕이 쨍쨍해서 땅도 마를 거 아냐. 그러니까 비 오는 날에 물이 많이 고인 길 위로 나오는 게 아닐까? 빗물로 마사지하려고."

"하지만 지렁이는 원래 흙 속에 살잖아. 이런 시멘트 바닥보다 축축한 흙 속이 물기가 많을 텐데."

"흙에서는 빗물이 안 고이지만, 시멘트 바닥에는 땅속으로 안 스며들고 잘 고여 있어서 그런가?"

서연이와 두람이는 지렁이를 흙이 많은 화단에 넣어 주고는, 넘어진 자전거를 손보기 시작했다. 아까보다 더 높이 떠오른 해가 열기를 뜨겁게 쏟아 내고, 어디선가 매미들이 떼 지어 합창하는 소리가 들려왔다.

두람이와 서연이는 길바닥에 나와 있는 지렁이들을 자전거로 밟을까 무척 신경 쓰였다.

"두람아, 이리 와 봐."

서연이가 가리키는 쪽을 살펴보니 아까 발견한 지렁이보다 가느다란 지렁이가 죽어 있었다.

"볕이 너무 뜨거워서 몸이 다 말라 버렸나 봐."

서연이가 안타까운 목소리로 말하자 두람이도 한 발짝 다가왔다.

"잠깐 나와서 비 마사지를 받고, 해 나기 전에 얼른 땅속으로 들어갔으면 좋았을 텐데."

그때 서연이네 아빠가 집 안에서 집게와 쓰레기통을 들고 나오며 물었다.

"얘들아, 거기서 뭐 하니?"

"아빠!"

반가운 목소리에 서연이가 발딱 일어나 달려갔다.

"안녕하세요!"

두람이도 서연이네 아빠에게 꾸벅 인사했다.

"두람이구나. 오랜만이네. 그런데 너희들 땅바닥 앉아서 뭘 찾고 있는 거야?"

아빠 말에 서연이가 시무룩한 목소리로 대답했다.

"어제 비가 와서 그런지 죽은 지렁이들이 정말 많아요. 이 지렁이도 몸이 바싹 말라서 죽어 있었어요."

"저런, 아빠랑 같이 한번 볼까?"

서연이네 아빠가 지렁이 쪽으로 다가가 쭈그리고 앉아 한참을 살폈다.

아빠 곁에 앉으며 서연이가 물었다.

"아빠, 지렁이들은 왜 비를 좋아해요?"

"지렁이가 비를 좋아한다고?"

"네. 지렁이들은 비만 오면 땅에서 나오잖아요. 그런데 비가 그치면 땅속으로 다시 들어가지도 못하고 이렇게 죽어서요. 비가 얼마나 좋으면 목숨까지 걸고 밖으로 나오는 걸까요?"

"맞아. 지렁이는 목숨을 걸고 밖으로 나오지. 그런데 비가 좋아서 그런 게 아니라 오히려 그 반대야."

"지렁이가 비를 싫어해요?"

두람이가 놀라며 되물었다.

"지렁이는 땅속 여기저기에 구멍을 파고 다니면서 흙 속의 미생물을 먹고 산단다. 그런데 비가 많이 오면 그 구멍으로 빗물이 들어오겠지. 그러면 어떻게 되겠니?"

"지렁이가 살고 있는 집에 물이 차겠네요."

"그래. 지렁이 입장에서는 빗물이 들어와서 집이 다 잠기게 생긴 거야. 그러니 숨이라도 쉬려고 바깥으로 탈출하는 거란다."

"아빠, 그런데 지렁이는 어디로 숨을 쉬어요? 아까 물이라도 주려고 봤는데, 입이랑 꼬리가 구분이 안 가요."

서연이 말에 아빠가 웃으며 말했다.

"지렁이는 사람처럼 허파로 숨을 쉬지 않아. 피부에 분포한 작은 혈관으로 호흡을 하지."

"피부 호흡이요? 개구리처럼요?"

두람이가 과학 시간에 배운 내용을 말하자, 서연이네 아빠가 설명을 덧붙였다.

"개구리는 허파를 가지고 있어서 폐와 피부 두 가지 방식으로 호흡을 할 수 있어. 하지만 지렁이는 피부로만 호흡이 가능해. 지렁이 몸을 한번 보렴. 피부가 아주 약해 보이지? 지렁이처럼 피부 호흡을 하는 동물은 피부가 마르지 않게 잘 보호해야 해. 그래서 지렁이는 땅속에서도 점액질을 분비해 몸에 잘 발라서 피부를 축축하게 유지하지."

아빠 이야기를 들으며 서연이는 꿈틀거리는 지렁이 위에 초록색

나뭇잎을 얹어 햇볕을 가려 주었다.

"아, 그래서 지렁이가 밖으로 나오면 피부가 말라서 죽는 거네요."

"그렇지. 지렁이처럼 약한 피부로는 태양의 강한 자외선을 막을 수 없어. 그래서 햇볕에 조금만 노출되어도 피부의 수분이 말라 버리고, 호흡을 할 수 없게 되어서 죽어 버리는 거야."

두람이와 서연이는 이제야 알겠다는 듯 고개를 끄덕였다.

"아직 꿈틀거리는 지렁이들을 화단 안으로 옮겨 줘야겠어요."

서연이가 나뭇가지와 요구르트 병으로 지렁이들을 한 마리씩 조심스럽게 화단 안 부드러운 흙 위에 올려 주었다.

"자, 그럼 우리 자전거 타고 동네 한 바퀴 돌아 볼까?"

"아빠도 같이 가게요?"

"그래! 날씨가 좋으니 아빠도 자전거를 타고 싶네. 이따 우리 분식집에도 들를까?"

"와, 좋아요!"

두람이와 서연이는 환호성을 지르며 힘차게 페달을 밟았다.

개념 Talk!

1. 비와 지렁이

비가 많이 오는 날에 지렁이들이 길가에 나와 있는 모습을 볼 수 있습니다. 흔히 지렁이가 비를 좋아하기 때문이라고 생각할 수 있지만, 사실은 그 반대입니다. 잡식성인 지렁이는 땅속에 구멍을 파고 다니며 세균이나 미생물, 동물의 배설물 등을 먹고 삽니다. 그런데 비가 많이 내리면 흙 속 구멍으로 빗물이 흘러들기 때문에 흙 밖으로 잠시 탈출을 시도하는 것입니다.

2. 토양을 건강하게 만드는 생물

지렁이는 땅속을 건강하게 만드는 데 아주 중요한 역할을 하는 동물입니다. 지렁이가 땅속에서 구멍을 파고 다니면 그 구멍을 통해 공기가 충분히 유입됩니다. 지렁이가 흙을 이리저리 뒤집으며 공기 통로를 만들어 놓으면 식물의 뿌리 건강에도 큰 도움이 됩니다. 또한 지렁이가 먹이 활동을 한 뒤의 배설물은 토양을 기름지게 하는 거름이 되기도 하지요.

● 흙을 건강하게 만들어 주는 지렁이를 이용해 최근에는 농경지에 인공적으로 지렁이를 키우는 농법이 널리 쓰이고 있습니다.

움직이지 않으면 모두 식물일까?

　아빠가 쉬는 주말을 맞아 서연이는 아빠와 함께 자전거를 타고 나들이를 나왔다. 서연이는 먼저 동네를 한 바퀴 돈 다음 호수가 있는 큰 공원 쪽으로 힘차게 페달을 밟았다. 바람도 시원하고, 미세 먼지도 없는 하늘은 맑고 깨끗했다.

　"아빠, 여기서 잠깐 쉬어 가요."

　서연이는 커다란 나무 아래 벤치 옆에 자전거를 세우고 털썩 주저앉았다. 한참을 달린 탓에 목도 마르고 땀도 났다. 서연이에게 물통을 건네며 아빠도 벤치에 앉았다.

　호수에는 오리들이 헤엄을 치며 한가롭게 놀고 있었다. 새끼 오리들이 찰방찰방 열심히 물장구를 치며 어미를 따라 다녔다.

　"아빠, 저 새끼 오리들 좀 봐요. 너무 귀여워요."

　"우리 서연이가 아빠 자전거 뒤를 졸졸 쫓아오는 모습이랑 꼭 닮았는데?"

　"서연아!"

　두람이가 자전거에 동인이를 태우고 멀리서 서연이를 부르며 벤치 쪽으로 왔다.

"어, 너 어디 갔다 와?"

"도서관에. 엄마가 도서관에서 책 읽고 오라고 하셔서."

공원 근처에는 두람이와 동인이, 서연이가 자주 가는 도서관이 있었다. 두람이는 종종 동생 동인이와 함께 자전거를 타고 공원을 가로질러 도서관을 오가곤 했다.

"두람아, 동인아, 안녕!"

"안녕하세요. 아저씨."

"동인아, 우리도 그늘에 좀 앉았다 가자. 땡볕으로만 달렸더니 더워서 쓰러지겠어."

동인이가 서연이 옆자리에 털썩 앉으며 말했다.

"어휴, 우리가 동물이라서 정말 다행이야."

"갑자기 무슨 뚱딴지같은 소리야?"

서연이가 웃으며 물었다.

"저기 있는 나무였어 봐. 저렇게 햇볕을 피하지도 못하고 한자리에 꼼짝 않고 서 있어야 하잖아. 비가 많이 오는 날에 어디 건물 밑으로 갈 수도 없고, 벼락이 떨어진다고 피하지도 못할 거 아냐. 하지만 나는 이렇게 햇볕 피해서 그늘로 피신도 하고, 비도 피하고, 움직일 수 있는 동물이라 다행이라는 거지."

동인이 말에 서연이도 맞장구를 쳐 주었다.

"그러네. 지렁이도 비가 많이 오면 밖으로 피신했다가, 해가 뜨거우면 다시 땅속으로 기어 들어가잖아. 식물들도 움직일 수 있으면 목마를 때 물을 찾아 이리저리 이사라도 갈 텐데. 그치?"

"이런 말하면 형은 맨날 핀잔만 주는데, 역시 서연이 누나는 나랑 잘 통한다니까!"

동인이가 깔깔 웃자 두람이는 동인이 머리에 꿀밤을 꽁 먹였다. 서연이네 아빠가 동인이 머리를 쓰다듬어 주며 말했다.

"동인아, 지금 네가 아주 중요한 이야기를 한 거 아니?"

"제가요? 에헴! 이거 봐, 형. 아무 말이나 막 하는 거 같지만 이렇게 중요한 얘기를 가끔 한다고 내가."

"동인이가 방금 한 말이 바로, 동물과 식물을 분류하는 중요한 기준이거든. 그럼 아저씨가 문제를 몇 개 내 볼까?"

"네, 좋아요!"

두람이와 동인이, 서연이가 큰 소리로 합창하듯 대답했다.

"호랑이, 닭, 지렁이는 모두 동물일까?"

"모두 움직일 수 있으니까, 동물 맞아요."

"딩동댕! 다음 문제. 소나무, 민들레, 수련은 동물일까?"

"스스로 움직이지 못하니까, 식물이요! 에이, 아저씨, 너무 쉬워요. 좀 어려운 문제를 내 주세요."

동인이가 의기양양한 표정으로 말했다.

"좋아! 그럼 바닷속에 사는 산호, 말미잘은 식물일까? 동물일까?"

"음, 산호랑 말미잘은 물고기처럼 헤엄치지 않고 바닷속 땅에 식물처럼 붙어 서 있는 걸 봤어요. 그러니까 식물!"

아저씨가 뿌듯하게 한참을 웃더니 대답했다.

"땡! 틀렸어요."

"네? 말도 안 돼! 풀처럼 보였는데요?"

두람이 말에 동인이가 중얼거렸다.

"혹시 산호가 사람들이 안 볼 때 혼자 몰래 움직이나?"

"아니, 산호나 말미잘은 동인이 말처럼 바닷속 밑바닥에 붙어 움직이지 않는단다. 하지만 동물이야. 이유는 나중에 알려 줄게. 자, 다음 문제."

동인이와 서연이, 두람이가 귀를 쫑긋 세웠다.

"너희들, 파리지옥 아니?"

"네, 알아요! 그거 곤충 잡아먹는 풀이잖아요. 집에서도 키운 적이 있어요."

"아빠, 설마 '파리지옥은 식물일까, 동물일까'가 문제예요?"

서연이가 되묻는 사이 두람이가 잽싸게 정답을 외쳤다.

"정답! 아저씨, 저 정답이요! 파리지옥은 식물이다."

"맞아요, 곤충 잡아먹는 식물! 끈끈이주걱도 알아요."

"그런데 문제는 그게 아냐. '파리지옥은 곤충을 잡아먹으려고 스스로 움직이는데 어째서 식물일까?'입니다."

"곤충을 잡아먹긴 하지만 초록색이라서 식물인가?"

동인이 말에 두람이가 핀잔을 주었다.

"야, 초록색이라서 식물이면, 청개구리도 식물이냐? 여치가 식물이야?"

서연이가 깔깔 웃었다. 동인이가 입을 삐죽대며 다시 물었다.

"아저씨, 그럼 산호는 뭘 먹고 살아요?"

서연이네 아빠가 갑자기 손가락으로 딱 소리를 내며 외쳤다.

"동인이가 지금 중요한 힌트가 될 질문을 했어."

"산호가 동물이면, 동물들이 먹는 먹이를 먹나?"

서연이 말에 두람이가 맞장구쳤다.

"그래! 수업 시간에 식물들은 광합성을 해서 양분을 섭취한다고 했잖아!"

"형, 광합성이 뭔데?"

"식물이 햇볕이랑 물, 이산화탄소로 에너지를 얻는 거야."

"아빠, 그럼 산호는 광합성을 하지 않아요?"

"산호의 색이 꽃처럼 알록달록하고 나뭇가지처럼 보여서 식물로 생각하기 쉽지만 산호는 광합성으로 에너지를 합성하지 않아. 동물성 플랑크톤이나 게, 새우, 작은 물고기 같은 걸 먹고 산단다."

동인이가 깜짝 놀라며 물었다.

"입이 없는데 어떻게 새우 같은 걸 먹어요?"

"산호를 자세히 보면 입처럼 생긴 촉수가 있어. 산호 주위를 지나

가는 먹이가 촉수에 닿으면 독액을 주입해서 먹이를 기절시켜 잡아먹는데, 동물처럼 소화 활동을 하고 신경도 가지고 있지."

"아저씨, 그럼 파리지옥은 파리를 잡아먹는데 왜 식물이에요?"

"파리지옥이나 끈끈이주걱같이 곤충을 잡아먹는 식물을 식충 식물이라고 해. 이런 식충 식물들도 광합성으로 영양소를 얻어. 하지만 아주 힘든 환경에서 살아야 하기 때문에 광합성을 할 때 필요한 엽록소가 부족해서 다른 벌레나 곤충을 잡아먹고 부족한 영양소를 보충하는 거란다."

"와, 정말 신기해요. 모자라는 영양소를 보충하려고 곤충을 잡아먹는다니. 식물도 가만히 있지만 않고 살기 위해서 어떻게든 똑똑하게 움직이는데요?"

"아까 동인이가 동물과 식물을 움직이느냐 움직이지 않느냐로 분류했지만, 산호나 파리지옥처럼 예외가 있어서 움직임은 정확한 분류 기준이 되기는 힘들어. 동물과 식물의 큰 차이점은 바로 먹이를 얻는 방법이란다. 동물은 식물이나 다른 생물을 먹어서 영양분을 얻지만, 식물은 광합성 작용으로 스스로 양분을 얻는다는 거! 이제 헷갈리지 않겠지?"

가만히 듣고 있던 동인이 배 속에서 꼬르륵 소리가 들려왔다. 서연이네 아빠, 두람이, 서연이의 시선이 한꺼번에 동인이의 배를 향했다.

"야, 네 배는 아까 그렇게 많이 먹었는데 또 꼬르륵거리냐?"

두람이의 놀림에 동인이가 시무룩하게 대답했다.

"하아, 나도 매일 내 배에 밥 챙겨 주는 거 너무 피곤해. 나무 같은 식물처럼 나도 가만히 서서 햇볕이랑 물만 먹어도 배가 불렀으면 좋겠어."

"뭐라고?"

동인이의 엉뚱한 대답에 모두들 크게 웃음을 터뜨렸다.

1. 동물과 식물을 분류하는 기분

동물과 식물의 큰 차이점은 먹이를 얻는 방법입니다. 동물은 식물이나 다른 동물을 먹어서 영양분을 얻지만, 식물은 광합성 작용을 통해 스스로 양분을 얻습니다.

2. 바닷속 생태계를 지키는 산호

산호는 지구 환경에서 매우 중요한 역할을 합니다. 산호는 물고기들에게 서식지를 제공하고, 공생 관계의 조류가 광합성을 통해 만들어 내는 영양분을 먹으면서 살아갑니다. 산호는 단세포 생물의 일종인 황록 공생 조류와 공생 관계를 유지하는데, 이 단세포 생물을 먹기 위해 수많은 크고 작은 바다 동물들이 산호 주위로 모여들면서 생태계가 더욱 풍성해집니다. 황록 공생 조류는 광합성을 통해 많은 양의 영양물질과 산소를 만들어 내며, 이 조류가 광합성으로 흡수하는 이산화탄소 양은 열대 우림 지역의 나무들보다 많다고 합니다. 하지만 최근 해수 온도가 비정상적으로 상승하고 바다가 오염되면서, 일명 '백화'라 불리는 현상으로 산호초가 하얗게 변해 죽어 가고 있습니다. 수많은 바다 생물에게 먹이와 보금자리를 제공하는 산호가 파괴되면 바다 생태계도 큰 피해를 입게 되겠지요.

스스로 실험실, 나는야 과학자!

천둥소리

천둥은 구름과 구름, 구름과 땅 사이에서 일어나는 아주 큰 전기 현상으로, 공기가 급격히 팽창하면서 큰 소리가 나는 자연 현상을 말합니다. 천둥과 관련된 재미있는 실험을 소개합니다. 아래 설명을 잘 읽어 보고, 부모님과 함께 실험을 해 봅시다.

1. 준비물

   종이(가로 40cm, 세로 30cm)

2. 이렇게 실험해 봐요!

① 가로 40cm, 세로 30cm의 종이를 긴 방향으로 반으로 접었다 편다.

 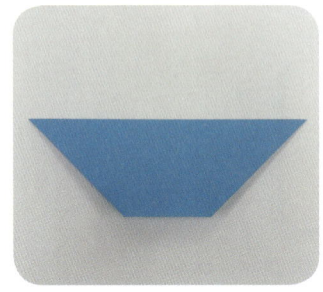

② 네 귀퉁이를 그림과 같이 접고 반으로 접는다.

③ 가운데를 중심으로 양 끝을 안쪽으로 접은 다음 바깥쪽으로 반을 접는다.

④ 오른쪽 모서리를 손으로 잡고 아래쪽으로 힘껏 내리친다.

3. 천둥소리를 만든 후 느낌을 말해 보세요.
   ▶ 진짜 천둥소리와 어떻게 다른가요?
   ▶ 자연에서 벼락이 치고 천둥소리가 들릴 때 어떻게 행동해야 할까요?

알고 갑시다

'천둥소리' 실험을 잘 해 보았나요?

구름과 구름, 구름과 땅 사이에서 아주 센 전기가 흐르는 방전 현상이 일어나는데, 이때 번개와 천둥이 발생합니다. 번개가 치면 순간적으로 공기 온도가 10,000℃ 이상 가열되는데, 이때 가열된 공기가 급격히 팽창하면서 일어나는 소리가 바로 천둥이지요. 천둥은 번개와 함께 일어나며, 번개 현상이 먼저 보인 뒤 얼마 지나지 않아 천둥소리를 들을 수 있습니다. 그 이유는 소리의 속도가 빛의 속도보다 느리기 때문입니다. 같은 온도에서 빛은 초당 약 300,000km로 가는 반면, 소리는 초당 343m를 이동합니다. 번갯불을 목격한 뒤 천둥이 들릴 때까지 몇 초나 걸리는지 세어 보세요. 거기에 343m를 곱하면 번개가 어느 거리에서 치는지 대략 알 수 있습니다. 예를 들어 번개가 친 뒤 5초 후에 천둥소리가 들렸다면 5초×343m=1,715m로 약 1,715m 떨어진 거리에서 천둥과 번개 현상이 일어난 것입니다.

하루살이는 정말 하루만 살까?
초승달은 서쪽에서 뜨는 걸까?
밤에 빛나는 것은 모두 별일까?
구름과 안개는 다를까?
동쪽으로 부는 바람은 동풍일까?

🏕️ 하루살이는 정말 하루만 살까?

"오늘은 즐거운 캠핑 날 ♪♬~"

가을 캠핑을 가기로 한 날, 두람이네는 아침부터 야단법석이었다. 아빠와 엄마는 해 먹을 음식부터 텐트까지 빠뜨린 게 없는지 하나하나 점검했다. 두람이와 동인이도 각자 한 짐씩 둘러멨다. 잠시 뒤 삼촌까지 합류했다. 드디어 출발!

가을 하늘은 오늘따라 더 상쾌했고 공기도 깨끗했다. 파란 하늘을 가로지르는 흰 비행기구름은 잘 놀다 오라는 메시지 같았다. 길가의 은행나무 잎은 폭죽이라도 터뜨린 듯 샛노랗게 물들었고, 코스모스도 바람에 한들한들 신나게 손짓하는 듯했다.

"가을 풍경이 참 멋지구나."

창밖 풍경을 보면서 엄마가 말했다.

"어디요, 어디?"

아침 일찍부터 부산을 떤 탓에 피곤했는지 깜빡 졸던 동인이가 눈을 비비며 창가로 고개를 돌렸다. 삼촌이 뿌옇게 김이 서린 창문을 닦아 주며 말했다.

"동인아, 저길 봐. 벼가 아주 잘 익었어."

"와, 정말 멋있어요. 벼 색깔이 끝내주는 황금빛이네요! 근데, 아빠. 유리창은 왜 이렇게 자꾸 뿌옇게 되는 거예요?"

"바깥 공기가 차가워서 그래. 너 감기 들까 봐 아빠가 히터를 틀었거든. 차 안에 사람도 여럿 탔으니 그 열기까지 더해져서 그런가 봐. 차 안과 바깥의 온도 차이가 크면 창문 안쪽에 김이 서린단다."

두람이와 동인이가 창문에 서린 김 위에 손가락으로 그림을 그리며 노는 사이 자연 휴양림 캠핑장에 도착했다.

아빠와 엄마, 삼촌이 짐을 내리는 동안 두람이는 키가 제일 커 보이는 나무 아래로 달려가서 나무를 꼭 끌어안았다. 그러고는 크게 숨을 들이마셨다.

"와, 역시 산속 공기가 최고야!"

"두람아, 동인아, 삼촌이랑 같이 텐트 칠까?"

"네, 좋아요!"

"자, 바닥에 비닐을 먼저 깔고 그 위에 텐트를 쳐야 바닥에서 올라오는 습기를 막을 수 있어."

셋이 힘을 합쳐 텐트를 펼치는데 갑자기 동인이가 비명을 질렀다.

"으아아, 이게 뭐야! 삼촌, 이 벌레 떼들 좀 봐!"

"괜찮아, 동인아. 무는 벌레 아냐. 하루살이란다."

"하루살이요? 음, 이름이 웃겨요."

"하루만 산다고 해서 하루살이라고 부르지. 들이나 산에서 흔히 볼 수 있는 곤충이야."

"그럼, 이 곤충들은 정말 딱 하루만 살고 죽어요?"

"꼭 그렇지는 않아. 어른벌레가 되고 나서도 보통

일주일에서 보름까지 산다고 해."

"그럼 왜 하루살이라고 불러요?"

"하루살이는 물속에 알을 낳는데, 아기벌레에서 어른벌레가 될 때까지 2년 정도 물속에 살다가 짝짓기를 하려고 물 밖으로 나와. 어른벌레가 되면 짧게는 몇 시간, 길면 1, 2주 정도까지 살다가 대부분 짝짓기 후에 죽기 때문에 이름이 그렇게 붙여졌지."

"진짜 하루를 살기도 하는구나."

"다른 생물들에 비해 워낙 짧은 생을 살다 죽기 때문에 이름이 그렇게 붙여졌어."

삼촌과 두람이의 대화를 잠자코 듣던 동인이가 물었다.

"삼촌, 그럼 하루살이보다 더 짧게 사는 동물도 있어요?"

"음…… 글쎄? 진딧물 정도가 있겠구나. 어른벌레가 된 하루살이가 일주일에서 보름 정도 산다고 보면 진딧물은 닷새나 엿새 정도 사니까 훨씬 더 짧게 살지?"

삼촌 말에 두람이가 한숨을 쉬었다.

"아, 짧아도 너무 짧네요. 캠핑 와서 하루만 놀아도 시간 무지 빨리 가는데."

"인간의 시간을 기준으로 비교하니 무척 짧게 살다 가는 것처럼 보이겠지. 고작 닷새, 엿새라도 진딧물이나 하루살이 같은 곤충들 입장에서는 그 기간 동안 사람이 80년 사는 만큼 최선을 다할걸?"

"아, 짧게 사는 동물이라고 하찮게 여기면 안 되겠어요."

"그럼, 모든 생명의 삶은 다 귀하고 소중하단다."

삼촌이 두람이 머리를 쓰다듬으며 말을 이어 갔다.

"그런데 생존 기간이 짧은 생물이라도 각자 환경에 잘 적응해 살아남기 위한 비밀 병기 하나씩은 다 가지고 있어. 진딧물의 경우는 사는 기간이 짧지만 대신 번식 능력이 무척 뛰어나지. 벌레를 죽일 때 뿌리는 살충제 같은 농약에 대한 저항력도 높아. 그래서 과학자들은 그런 작은 곤충들의 생존 기술을 연구해서 사람에게 도움이 되는 것들을 개발하기도 해. 자, 이제 텐트 완성!"

동인이와 두람이는 다 지어진 텐트 속에 들어가 신나게 뒹굴고 장난치며 놀았다.

"자, 자. 텐트는 다 쳤으니 이제 우리 축구나 한판 할까?"

삼촌 말이 떨어지자 동인이와 두람이는 운동장 쪽으로 뛰기 시작했다.

개념 Talk!

1. 하루만 살지 않는 하루살이

하루살이는 아기벌레에서 어른벌레까지 성장하는 데 2년 정도 걸립니다. 짝짓기 후 바로 죽기도 하지만 대부분 7일에서 15일 정도 삽니다.

2. 사람에게 해를 끼치는 벌레, 해충

하루살이와 비슷한 곤충이 있습니다. 바로 **깔따구**입니다. **하루살이**는 '하루살이목 하루살이과'이고 깔따구는 '파리목 깔따굿과'에 속하는 곤충입니다. 하루살이는 날개가 두 쌍인데 반해 깔따구는 날개가 한 쌍으로 모기와 비슷합니다. 하루살이는 사람에게 딱히 해를 끼치지 않지만, 깔따구는 알레르기성 천식, 아토피 등을 일으키는 원인이기 때문에 해충에 해당됩니다.

● 깔따구.

● 하루살이.

초승달은 서쪽에서 뜨는 걸까?

휴양림에는 선선한 가을을 맞아 캠핑을 즐기는 사람들로 북적였다. 가족들, 친구들과 함께 온 사람들은 텐트 앞에 장작불을 피워 놓고 음식을 해 먹으며 이야기꽃을 피웠다. 기타를 치거나 음악을 듣는 사람들도 있었고, 아이들은 신나서 나무 사이를 뛰어다녔다. 숲속에서 풍겨 오는 짙은 낙엽 냄새가 서늘한 가을 공기에 실려 캠핑장 분위기를 더욱 분위기 있게 만들었다.

"엄마, 먹을 거 없어요? 아까 축구를 너무 열심히 했더니 배가 고파요."

"그럴 줄 알고 숯불에 옥수수 구워 놨지. 삼촌이랑 형도 불러와."

"형. 삼촌이랑 얼른 와! 엄마가 옥수수 구웠대!"

한바탕 축구를 하고 난 뒤라 군 옥수수는 꿀맛이었다.

"옥수수가 정말 맛있네요, 형수님."

"그렇죠? 아, 옥수수 보니까 동인이 어릴 적 생각이 나네."

"어릴 때요?"

"응, 학교 들어가기 전이었나? 계절도 딱 이맘때였는데, 동인이 너 앞니가 빠져서 말을 할 때마다 옥수수가 앞니 사이로 튀어나오는 거야. 어찌나 웃기던지."

엄마가 웃으며 이야기하자 두람이가 동인이를 보며 놀리듯 말했다.

"역시, 넌 그때부터 정말 못 말리는 먹보였어. 앞니가 없는데도 옥수수를 굳이 먹겠다고 그랬던 거야?"

"쳇! 앞니가 없으면 송곳니나 어금니로 씹는 거지, 뭐! 형은 앞니 빠진 적 없었나?"

"그때 할머니, 할아버지가 동인이 요 녀석 보면서 얼마나 웃으셨는지 몰라."

동인이의 앞니 빠진 이야기로 시작된 추억 이야기는 한참 계속되었다.

서쪽 하늘에 하얀 초승달이 떠올라 빛나고 있었다.

"어, 형! 저기 초승달 떴어!"

"와, 정말 흰 눈썹 모양처럼 생겼네."

그때 두람이를 부르는 낯익은 소리가 났다.

"두람아!"

"어? 서연아! 좀 늦었네."

"아빠 일이 좀 늦게 끝나서 이제 왔어."

"어서 오세요! 일 마치고 오시느라 고생하셨어요."

두람이와 서연이 부모님들이 서로 인사를 나누었다.

"뭐 하고 놀았어?"

서연이가 묻자 동인이가 신나서 대답했다.

"오자마자 삼촌이랑 텐트 치고, 형이랑 셋이 축구 하고 놀았어. 좀 전에 구운 옥수수 먹으면서 저기 초승달 구경했지."

"아, 나도 아빠 차 타고 오면서 초승달 봤지. 초승달이 낮부터 떠 있던데?"

서연이 말에 동인이가 깜짝 놀라며 말했다.

"낮부터 떠 있었다고? 그럴 리가. 이제 막 떴어. 내가 제일 처음 봤는데?"

동의라도 구하듯 동인이가 두람이를 쳐다보았다.

"아닐걸? 나도 아까 낮에 초승달 봤어."

"언제? 거짓말! 좀 전에 형이 아빠랑 말하고 있을 때 내가 먼저 초승달을 보고, 형이 그다음에 봤잖아."

동인이가 씩씩거리며 대꾸했다.

"아니. 나는 아까 차에서 창문에 김 서린 거 닦으면서도 보고 축구 할 때도 봤거든."

"뭐라고? 낮인데 달을 어떻게 봐. 달은 밤에만 뜨는 거잖아. 내 말이 맞죠, 삼촌?"

삼촌에게만은 동의를 얻어 내겠다는 표정으로 동인이가 말했다.

삼촌이 조금 난처한 표정을 짓더니 부드럽게 말했다.

"자자, 달은 어느 쪽에서 뜰까요?"

"동쪽이요!"

두람이와 서연이가 동시에 대답했다.

"맞아, 지구는 하루에 한 바퀴씩 서쪽에서 동쪽으로 돌아. 이걸 자전이라고 해. 그래서 지구에서는 달이 동쪽에서 떠서 서쪽으로 넘어가는 걸로 보여. 그런데 초승달은 아침에 동쪽에서 뜨고 저녁 무렵 서쪽 하늘에 잠깐 보이다가 바로 지평선 아래로 지는 거야. 해가 완전히 지기 전이라도 초승달이 서쪽 하늘에 잠깐 보일 수 있지."

"아, 그럼 우리가 지금 보고 있는 초승달은 방금 뜬 달이 아니라 서쪽으로 지는 달이었네요!"

서연이가 하늘을 올려다보며 말했다.

"그러니까 시커먼 밤에 뜬 밝은 초승달을 맨 먼저 본 건 나라고, 나!"

동인이의 말에 삼촌과 온 가족이 웃음을 터뜨렸다.

개념 Talk!

1. 낮에도 볼 수 있는 초승달

초승달은 새벽 무렵 태양과 같이 동쪽 하늘에서 뜹니다. 볕이 강한 한낮에는 잘 보이지 않다가, 태양이 질 무렵 서쪽으로 지는 초승달을 볼 수 있지요.

2. 변화하는 달의 모양

북반구와 남반구에서는 달이 뜨고 지는 위치와 모양이 다릅니다. 북반구에 위치한 우리나라에서는 달이 동쪽에서 떠 남쪽을 지나 서쪽으로 집니다. 반면 남반구에 위치한 호주에서는 달이 동쪽에서 떠 북쪽을 지나 서쪽으로 지게 됩니다. 달의 모양은 그림과 같지요.

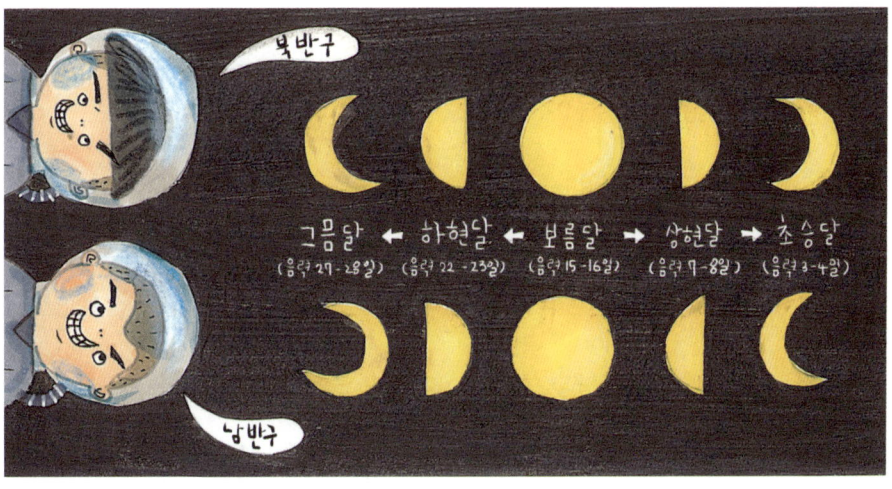

 밤에 빛나는 것은 모두 별일까?

캠핑장의 밤은 점점 어둡고 깊어 갔지만, 모닥불은 더 밝고 따뜻하게 타올랐다. 여기저기 텐트마다 걸어 놓은 전등들이 꼭 작은 별처럼 보였다. 두람이와 동인이, 서연이는 장작을 넣어 불 피우는 재미에 푹 빠져 있었다.

"얘들아, 이리 좀 와 봐. 삼촌 친구가 아주 재미난 걸 가져왔어."

동인이와 두람이, 서연이가 불을 피우다 말고 단걸음에 삼촌한테 달려갔다. 삼촌 친구가 어깨에 메고 있던 기다란 장비를 내려놓으며 인사했다.

"안녕, 얘들아. 아저씨는 삼촌 회사 친구야. 반갑다."

"안녕하세요, 아저씨. 어? 근데 이 가방은 뭐예요?"

동인이가 호기심 가득한 얼굴로 가방을 살펴보았다. 삼촌이 가방을 들어 보이며 말했다.

"삼촌 친구가 너희들한테 별을 보여 주겠다고 천체 망원경을 가지고 왔어."

"우아, 신난다! 삼촌 친구 짱!"

평소 우주 이야기에 관심 많던 두람이와 서연이가 껑충껑충 뛰면서 좋아했다.

"저, 천체 망원경 실제로 처음 봐요."

두람이가 흥분해서 소리치자 서연이도 맞장구쳤다.

"저도요! 천체 망원경으로 별을 보는 것도 오늘 처음이에요."

삼촌의 회사 친구는 천체 관측하는 걸 취미로 삼고 있다고 했다. 아마추어 천문 연구가인 셈이다. 여행을 가거나 출장을 갈 때도 항상 차 짐칸에 망원경을 싣고 다니다가 틈만 나면 밤하늘을 관찰한다고 했다. 동인이는 삼촌 친구가 무척 멋있어 보였다.

"나부터 볼래."

"아냐! 나부터, 나부터!"

두람이, 동인이, 서연이 모두 먼저 보겠다고 야단들이었다.

"싸우지 말고 가위바위보로 정하자."

결국 가위바위보에서 이긴 서연이가 제일 먼저 천체 망원경으로 별을 보게 되었다.

"와, 별이 정말 많이 보여! 또 잘 보이고! 맨눈으로 보는 거랑 완전 다른데."

서연이와 동인이가 망원경으로 정신없이 별을 보는 동안, 밤하늘을 올려다보던 동인이가 손가락으로 천체 하나를 가리키며 삼촌 친구에게 물었다.

"아저씨, 저쪽에 저 별은 이름이 뭐예요?"

"아아, 저건 별이 아니야."

"네? 밤하늘에 뜬 건 달 말고는 다 별 아니에요?"

"잠깐 기다려 봐. 동인이가 가리키는 천체를 망원경으로 한번 보여 줄게."

아저씨가 천체 망원경 위치를 조금 조정한 뒤 동인이에게 망원경을 들여다보라며 자리를 양보해 주었다.

"별 사탕 모양이 아니잖아? 이상하게 생겼어. 저게 뭐야?"

동인이는 망원경에서 눈을 떼고 맨눈을 잔뜩 찡그리며 다시 밤하늘을 올려다보았다. 서연이가 궁금증을 참지 못하고 다시 망원경을 들여다보았다.

"어? 저거 토성이잖아."

"나도, 나도 볼래! 우아, 정말 토성이야. 고리가 보여!"

책에서만 보던 토성을 직접 본 두람이와 서연이는 흥분을 감추지 못했다. 동인이는 아저씨가 별이 아니라고 한 말이 자꾸 신경 쓰여 다시 물었다.

"아저씨, 그런데 토성이 왜 별이 아니라는 거예요?"

"밤하늘에 반짝반짝 빛난다고 해서 모두 별은 아니야. 저 토성과 같은 천체는 행성이라고 하지."

"행성이랑 별은 어떻게 다른데요?"

동인이에게는 다 비슷비슷한 말로 들릴 뿐, 여전히 헷갈렸다.

"별은 태양처럼 혼자 힘으로 빛을 내는 천체에게만 붙이는 이름이야. 행성은 스스로 빛을 내지 못하고, 태양과 같은 중심 별 주위를 돌면서 그 중심 별의 빛을 받아 반사하는 천체를 말하지."

아저씨 말에 두람이도 거들었다.

"그래서 수성, 금성, 화성, 목성 같은 것도 별이 아니라 행성이라고 하는 거야."

"아저씨, 그럼 진짜 별을 보여 주세요."

"그럼, 잠깐만 기다려 봐."

"행성 말고 진짜 별은 어떻게 생겼어요? 별 사탕 모양 맞아요?"

동인이가 입맛을 다시며 말했다.

"자, 직접 한번 봐. 아까 봤던 토성 아래쪽에 있는 별이야."

동인이가 천체 망원경에 얼굴을 가까이 댔다.

"에계, 이게 별이에요? 오각형도 아니고 별 사탕 모양이 아니네."

"우리가 흔히 그림으로 별을 그릴 때 뾰족한 오각형 모양으로 그리지만, 천체는 실제로 대부분 동그란 모양이야. 천체가 동그란 모양인 이유가 있어. 천체의 중심에서 당기는 힘인 중력과, 천체가 고정된 축을 중심으로 회전하는 자전 운동을 할 때의 원심력이 균형을 이

과학적인 개념	오개념(비과학적 개념)
○	●❀❁✿✤★◆✦△ 0 ✧〜✳□☍◯

루기 때문이야."

동인이는 망원경에서 눈을 뗄 줄을 몰랐다.

"별들이 정말 예뻐요. 아주 조그맣고 동그란…… 구슬 같아요."

"아까 본 토성은 태양계 안에 있는 행성이라 비교적 다른 별보다 크게 보이지만, 대부분의 별들은 태양계 밖에 있기 때문에 아주 작은 구슬이나 점처럼 보여. 그렇지만 지구에서 엄청 가까운 거리에 아주 큰 별 하나가 있지."

"음……. 밤하늘에서 달만큼 큰 걸 본 적이 없는데."

동인이 말에 두람이가 핀잔을 주었다.

"달은 혼자 빛을 내지 못하고 태양 빛을 받는 부분만 밝다고 했으니까 별이 아니라고 아까 그랬잖아."

"아, 태양!"

"딩동댕! 우리가 사는 지구를 포함한 태양계에는 별이 딱 하나, 태양밖에 없단다. 나머지는 태양계 밖 아주 멀리서 빛나는 별들이야."

1. 태양계의 별과 행성들

하늘에는 많은 천체들이 빛나고 있습니다. 태양처럼 스스로 빛을 내는 항성(별), 태양 주위를 돌면서 태양 빛을 반사하는 행성(수성, 금성, 지구, 화성, 목성, 토성), 행성의 인력 때문에 행성 주위를 도는 달과 같은 위성, 태양을 중심으로 긴 타원이나 포물선 등으로 궤도를 운행하는 혜성, 또한 태양과 같은 별 주위를 공전하는 수많은 작은 소행성들이 있습니다.

2. 별들의 다양한 색깔

태양과 같은 항성은 스스로 빛을 냅니다. 이러한 별들은 온도에 따라 색깔이 다른데, 15,000℃가 넘으면 푸른색, 9,000℃가 되면 백색, 4,000℃면 적색을 띠게 됩니다.

● 온도에 따라 다른 색을 띠는 항성
별과 별 사이 공간에 떠 있는 가스 등의 물질들이 중력으로 수축되면서 새롭게 만들어진 원시별의 모습입니다. 주변 항성들이 온도에 따라 다른 색을 띠고 있습니다.

구름과 안개는 다를까?

 삼촌 텐트에서 잠이 든 두람이와 동인이는 아침이 되었는데도 일어날 줄을 몰랐다. 새벽 늦게까지 삼촌 친구에게서 재미있는 별자리 이야기를 듣다가 겨우 잠들었기 때문이다. 삼촌과 삼촌 친구는 아침 산책을 가고, 두람이네 부모님과 서연이 부모님은 식사 준비를 하느라 정신이 없었다. 서연이는 삼촌 텐트에 가서 두람이와 동인이를 깨웠다.

 "두람아, 동인아. 일어나서 밥 먹어."

 "응? 누나, 잘 잤어? 아, 눈꺼풀이 무거워서 떠지질 않아."

 동인이가 눈을 비비며 잠을 깨 보려고 애쓰는 사이, 두람이도 텐트에서 나와 기지개를 쭉 켰다.

 "와, 서연아. 저 안개 봤어? 나무가 잘 안 보일 정도야."

 "저렇게 심한 안개는 처음 봐."

 서연이와 동인이, 두람이가 안개를 구경하며 서 있는데, 캠핑장 관리 아저씨가 다가왔다.

 "얘들아, 안녕? 아침에 안개가 많이 끼었으니 조심해서 다니렴."

 "안녕하세요! 아저씨, 그런데 여긴 원래 안개가 이렇게 심해요? 이런 안개는 처음 봤어요."

"산속이라서 그렇지."

"산속이라서요?"

서연이는 호기심이 발동했다.

"그래. 산속은 도시보다 기온이 낮고 밤낮으로 기온 차도 심하단다. 안개는 공기 중의 수증기가 찬 공기를 만나면 물방울로 변해서 생기는데, 이런 산속은 춥고 기온 차가 커서 유독 안개가 많이 생긴단다. 게다가 날이 많이 쌀쌀해져서 오늘은 안개가 더 짙구나."

"아저씨, 그럼 안개와 구름은 같은 거예요?"

동인이 말에 아저씨가 빙그레 웃으며 말했다.

"생기는 원리는 같아. 지금 우리 앞에 보이는 건 안개인데, 저 하늘 위에 하얗게 보이는 건 뭘까?"

동인이는 아는 문제가 나오자 잽싸게 대답했다.

"구름이요!"

"저기 산꼭대기에 걸쳐져 있는 건?"

"구름이요! 산이 높아서 하늘에 있는 구름까지 닿은 거니까요."

서연이도 자신만만하게 말했다.

"좋아. 만약 우리가 저 산 정상에 있다면 저 꼭대기에 있는 건 구름이라고 해야 할까, 안개라고 해야 할까?"

　두람이와 서연이, 동인이는 혼란에 빠져서 뭐라 대답을 해야 할지 몰랐다.
　"안개와 구름을 나누는 기준은, 수증기가 땅과 가까운 곳에 생겼느냐, 아니면 저 공중에 떠서 생겼느냐 하는 거야. 보는 사람의 위치를 기준으로 삼으면 되지. 쉽게 말하면 내가 서 있는 곳에 있으면 안개, 저 멀리 공중에 떠 있으면 구름."

서연이는 아저씨의 설명이 좀 헷갈리면서도 재미있었다.

"아하, 그럼 저 산꼭대기에 걸쳐 있는 수증기를 지금 제가 땅에서 보면 구름이고, 저 산꼭대기 위치에 올라가서 보면 안개라는 말이지요?"

"빙고! 자, 산의 비밀을 하나 알려 주었으니 나는 이만 볼일을 보러 하산해야겠구나. 오늘도 즐겁게 보내렴."

관리인 아저씨가 웃으며 안개 속으로 사라지는 모습이 마치 산신령처럼 보였다.

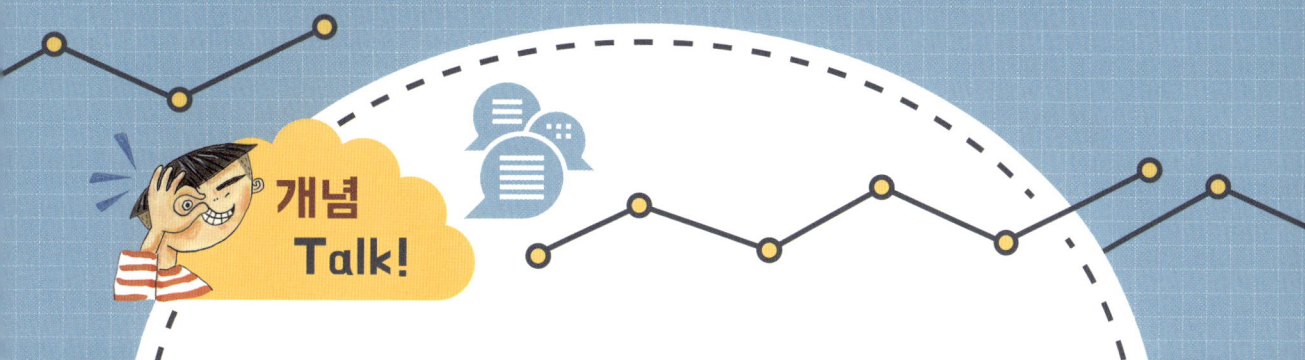

개념 Talk!

1. 안개와 구름의 차이

안개와 구름은 대기 중의 수중기가 모여 만들어진 것으로 생성 원리는 같습니다. 하지만 생성 과정과 위치에 차이가 있습니다. 낮에 태양 빛에 의해 달궈진 대기가 찬 공기와 만나 땅 근처에서 작은 물방울들이 연기처럼 뿌옇게 떠 있는 현상을 안개라고 합니다. 구름은 증발된 수증기가 대기 중의 찬 공기와 만나 생성된 물방울들이 연기처럼 뭉쳐 떠 있는 상태를 말합니다. 쉽게 말해, 땅 근처에서 생긴 것은 안개이고, 하늘에 만들어진 것은 구름입니다.

2. 이슬, 서리, 성에의 차이점

대기 중의 수증기가 찬 공기와 만나 땅이나 물체의 표면에 물방울로 맺히는 것을 이슬이라고 합니다. 기온이 0℃ 이하로 내려가 이슬이 하얗게 얼어붙으면 서리가 됩니다. 성에는 서리가 유리나 벽면 등에 얼어붙었을 때를 가리키는 말이지요.

● 서리, 이슬, 성에의 결정.

🏕️ 동쪽으로 부는 바람은 동풍일까?

해가 높이 떠오르자 아침 안개가 연기처럼 사라졌다. 하늘에는 작은 구름 몇 조각만 가을바람에 두둥실 흘러가고 있었다. 캠핑장 숲에서 마른 낙엽들이 바람에 경쾌하게 흩날렸다.

두람이와 동인이, 서연이가 늦은 아침을 먹는 동안 아빠와 삼촌은 열심히 연을 만들었다. 연날리기를 하러 갈 생각에 셋 다 밥을 먹는 둥 마는 둥 했다.

"오늘 바람이 잘 불어서 연날리기를 하기에 딱 좋은 날씨야."

아빠 말에 두람이와 동인이, 서연이는 마지막 밥 한 술을 급히 입에 떠 넣고 일어섰다.

"아빠, 삼촌, 저희 밥 다 먹었어요. 얼른 연 날리러 가요."

동인이가 입안에 밥을 잔뜩 문 채로 우물거리며 말했다.

"자, 그럼 저쪽 언덕으로 가 볼까? 삼촌이 아침에 산책하면서 연날리기 좋은 장소를 찾아 뒀지."

삼촌이 연을 챙겨 들며 앞장섰다.

"와, 바람 시원하다."

삼촌 말대로 언덕 위는 연을 날리기에 끝내주는 장소였다. 경사가 완만하게 펼쳐진 언덕에는 잔디가 깔려 있어서 뛰다가 넘어져도 안전할 거 같았다. 시야도 탁 트여 풍경이 무척 좋았고, 가까이 키 큰 장애물도 없어서 연이 걸릴 염려도 없었다. 삼촌은 아침 내내 아빠와 만든 연을 하나씩 나눠 주었다.

신이 난 동인이는 얼레를 한쪽 손에 쥐고, 나머지 손으로 연에 묶인 실을 잡아당기며 달리기 시작했다. 그런데 연이 동인이 뒤를 비틀비틀 따라 날더니 그대로 바닥에 곤두박질쳤다.

"헥, 헥! 삼촌, 내 연 고장인가 봐. 아무리 해도 안 날아."

한바탕 뛰고 온 동인이가 투덜거렸다.

다른 쪽에서 두람이와 서연이도 아빠들과 함께 연을 날리고 있었다. 그런데 두람이 연도 조금 하늘로 올라가는 듯하더니 이내 땅으로 쿵 처박혔다.

두람이 모습을 보고 동인이는 배꼽을 잡고 웃었다. 그러다가 다시 마음을 가다듬고 삼촌에게 말했다.

"삼촌, 나 두람이 형보다 더 높이, 멀리멀리 날리고 싶어요."

"좋아, 삼촌이 연 잘 날리는 비법을 알려 줄게."

동인이가 고개를 크게 끄덕이며 삼촌에게 얼굴을 들이밀었다.

"연을 잘 날리려면, 먼저 바람하고 친해져야 해."

"바람하고 어떻게 친해져요?"

동인이가 어리둥절한 표정으로 물었다.

"너 친구랑 친해지려면 어떻게 해야 해? 먼저 상대방 마음을 잘 헤아려야 하잖아. 바람이랑 친해지는 것도 마찬가지야. 먼저 바람의 방향을 잘 읽고 이해해야 해."

삼촌이 주변을 둘러보았다.

"동인아, 지금 바람이 어느 방향으로 불고 있어?"

동인이는 삼촌의 머릿결이 휘날리는 모습을 보며 손가락으로 방향을 가리켰다.

"좋아, 연은 팔 힘으로 날리는 게 아니야. 바람 위에 얹는 거라고 생각해 봐. 그러니 우선 바람이 불어 나가는 방향을 잘 읽어서 그쪽으로 연을 살짝 놓은 다음 바람에 실어 올리면 돼."

"와, 연이 조금 떴어요!"

"자, 그럼 실을 조금씩 풀면서 손으로 살짝살짝 당겨 줘. 그럼 연이 조금씩 올라가지?"

삼촌은 얼레를 돌려 실을 조금씩 풀고 당기기를 반복했다.

"삼촌, 멀리 날기 시작해요!"

동인이는 연이 하늘로 높이 떠오르는 것을 보며 흥분해서 콩콩 뛰었다.

"반복해서 얼레를 감았다 풀었다 하면서, 동시에 연에 연결된 실을 손끝으로 꼭 쥐고 있으면 연에 실린 바람의 진동이 느껴져. 이때 바람이 세면 얼레를 풀어서 쥐고 있던 실을 느슨하게 해 주고, 바람이 약하면 다시 실을 당겨 줘. 그럼 연이 다시 솟구치거든."

동인이는 높이 올라가는 연을 쳐다보느라 입을 다물지 못했다.

"자, 삼촌이 어느 정도 알려 줬으니 이제 동인이 네가 쥐고 해 봐."

삼촌이 얼레를 동인이에게 넘겨주었다.

"으아아, 떨린다!"

"그렇지, 잘한다. 야, 정말 높이 간다! 저러다 하늘 끝까지 올라가 버리겠네."

"정말 끝내주게 짜릿해요!"

동인이는 신이 나서 소리쳤다. 두람이와 서연이도 연을 높이 올리기에 성공했는지 환호성이 들렸다.

"얘들아, 동풍 분다!"

삼촌이 동인이와 서연이를 향해 크게 소리치자 동인이가 물었다.

"삼촌, 동풍이면 동쪽으로 부는 바람이에요?"

"아니, 동쪽에서 서쪽으로 불어오는 바람을 동풍이라고 해. 풍향은 바람의 시작 지점을 가리키거든."

"그럼, 서쪽에서 불어오는 바람은 서풍이겠네요?"

"그렇지, 동쪽에서 부는 바람 동풍, 서쪽에서 부는 바람 서풍, 남쪽

에서 부는 바람 남풍, 북쪽에서 부는 바람 북풍!"

불어오는 바람에게 고맙다는 인사라도 건네는지, 동인이의 연이 힘차게 꼬리를 흔들며 높이높이 솟아올랐다.

언덕 건너편 캠핑장에서 두람이네와 서연이네 엄마는 따뜻한 차를 마시며 즐겁게 이야기를 나누고 있었다. 두람이와 동인이, 서연이가 아빠, 삼촌과 함께 연 날리는 모습을 보면서 함께 웃기도 했다. 동인이와 서연이가 멀리서 엄마를 향해 크게 손을 흔들자, 엄마들도 함께 손을 흔들어 주었다.

"도시에서는 건물도 많고, 연 날리는 거 많이 못 해 봤을 텐데 역시 애들이라 금방 잘 가지고 노네요."

서연이네 엄마 말에 두람이네 엄마가 맞장구쳤다.

"그러게요. 아 참, 애들 사진이라도 찍어 줘야겠어요."

두람이네 엄마가 카메라를 들고 줌을 당겨 아이들이 연 날리는 모습을 찰칵찰칵 찍었다.

실컷 연을 날린 뒤, 두람이와 동인이, 서연이가 아빠와 삼촌 손을 잡고 엄마들이 있는 캠핑장으로 신나게 뛰어왔다.

"재미있었니?"

"네! 엄마, 나 이제 연 엄청 잘 날려요! 붕붕~."

동인이가 한 손에 연을 들고 제트기처럼 날리는 시늉을 했다.

"엄마가 너 연 날리는 거 사진으로 다 찍어 놨지롱."

"야호! 정말? 엄마, 나 정말 멋지지 않았어요? 한번 보여 주세요."

동인이가 호들갑을 떨자, 엄마가 웃으며 카메라에 찍힌 사진들을 보여 주었다.

"히히, 동인이 너 표정이 이게 뭐야. 입을 헤벌리고."

두람이 말에 서연이도 사진을 들여다보며 깔깔 웃어 댔다.

"연만 멋있게 날리면 되지 표정이 뭐가! 그러는 형은, 이거 봐. 아까 연 땅에 처박혔을 때 표정 좀 보라고."

두람이와 동인이를 보며 서연이가 한마디 했다.

"그만들 좀 싸워. 누가 형제 아니랄까 봐. 이거 봐, 너네 둘 사진 꼭 닮았잖아."

"자자, 우리 대충 짐 정리해 놓고 넓은 데서 다 같이 사진 찍을까?"

식구들이 짐 정리를 할 동안, 서연이는 엄마 휴대 전화 카메라로 셀카를 찍었다. 두람이도 아빠 휴대 전화로 동인이, 서연이와 같이 셀카를 찍었다.

"나도! 나도 찍어 볼래!"

두람이가 사진 찍는 걸 보고 동인이는 자기도 해 보겠다며 떼를 썼다.

"알았어. 떨어뜨리지 않게 조심해서 쥐어."

찍힌 사진을 보며 동인이가 말했다.

"서연이 누나가 다 나오긴 했는데, 좀 어둡게 나왔어. 내가 더 예쁘게 찍어 줄게, 누나."

그때 짐을 다 정리한 삼촌이 다가왔다.

"얘들아, 우리 다 같이 사진 찍자. 모두들 가운데로 모이세요."

두람이네와 서연이네 가족이 모두 모여 환하게 웃었다.

"모두들, 김치!"

1. 바람의 방향

바람의 방향인 풍향은 바람이 불어오는 쪽의 방위로 나타냅니다. 예를 들어서 동쪽에서 서쪽 방향으로 바람이 불면 그 바람의 풍향은 동풍이 됩니다. 중위도에 위치한 우리나라는 지구 자전의 영향으로 서쪽에서 동쪽으로 바람이 부는 편서풍 지대에 위치하고 있습니다. 또한 계절풍 기후대에 속해 있어 겨울에는 북서계절풍이 많이 불고 여름에는 남동풍이 많이 붑니다.

○ 건물의 꼭대기에 바람이 불어오는 쪽의 방향을 알려 주는 풍향계가 설치되어 있습니다.

2. 해풍과 육풍

바람은 기온 차이와 함께 기압이 높은 쪽에서 낮은 쪽으로 이동하면서 생깁니다. 여름철 해수욕장에 가면 바다에서 육지 쪽으로 바람이 붑니다. 이 바람을 해풍이라고 합니다. 낮에 햇볕의 영향으로 모래사장 온도가 올라가면 뜨거울 열기 때문에 공기가 상승하면서 모래사장 쪽의 기압이 낮아집니다. 이때 기압이 높은 바다 쪽에서 모래사장 쪽으로 부족한 공기가 채워지게 되면서 해풍이 불게 되는 것입니다. 반대로, 밤에는 모래사장 표면 온도가 빨리 식으면서 공기가 무겁게 가라앉아 기압이 높아지고, 공기는 육지에서 바다 쪽으로 이동하며 육풍이 불게 됩니다.

● 육풍

● 해풍

스스로 실험실, 나는야 과학자!

별자리 투영기

산속이나 자연 휴양림의 캠핑장에 가 보면, 별이 총총히 빛나는 밤하늘을 볼 수 있습니다. 밤하늘의 별을 내 방에 옮겨 놓을 수 있다면 얼마나 좋을까요? 아래 설명을 잘 읽어 보고, 부모님과 함께 실험해 봅시다.

1. 준비물

   별자리 투영기 도안, CD, 송곳, 가위, 풀, 휴대 전화

2. 이렇게 실험해 봐요!

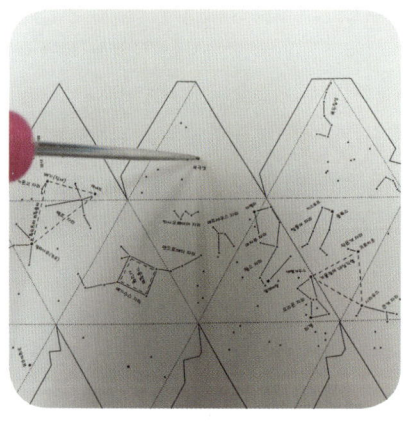

① 별자리 투영기 도안을 오려 낸 뒤 별의 크기에 따라 송곳으로 뚫는다.

② 구멍을 다 뚫은 별자리 투영기를 바깥 실선대로 자른 후 점선을 따라 접는다. 1–3번 번호가 써 있는 부분은 바깥쪽으로 접은 뒤, 풀칠을 하지 말고 나머지 부분은 풀칠을 해서 붙인다.

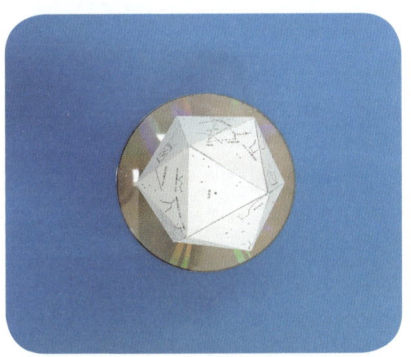

③ 1–3번에 풀칠을 한 뒤 쓰지 않는 CD의 구멍과 투영기의 구멍이 통하도록 붙인다.

④ 플래시를 켠 휴대 전화 위에 별자리 투영기를 붙인 CD를 올려놓은 다음, 불을 끄고 방 안에 투영된 별들을 관찰한다.

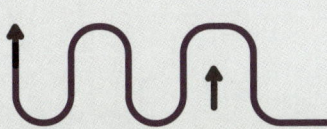

3. 방 안에 투영된 별들을 보고 말해 보세요.

▶ 북극성과 계절마다 보이는 별자리를 찾아보세요.

▶ 투영기에서 보는 별이 실제 하늘에서도 보이는지 확인해 보세요.

○ 우리나라 여름철에 볼 수 있는 별자리.

'별자리' 투영기를 잘 만들어 보았나요?

북극성은 사계절 내내 볼 수 있는 별입니다. 제일 밝은 별이라고 볼 수도 있겠지만 실제로는 2등급 별로 그리 밝지 않습니다. 기원전 135년경, 그리스의 천문학자 히파르코스가 처음으로 밝기에 따라 별의 등급을 1등급에서 6등급으로 나누었습니다. 지금은 1등급과 6등급 차이의 밝기는 100배로 보고 있습니다. 1등급부터 6등급까지 등급 간 밝기는 약 2.5배입니다.

1등급보다 더 밝은 별은 0등급 또는 그 이하 등급이 됩니다. 예를 들어 밤하늘에 가장 밝은 별인 시리우스는 −1.5등급입니다. 이러한 별의 밝기 등급 기준은 우리가 지구에서 보는 겉보기 등급이 아니라 지구에서 별을 일정한 거리에 놓고 보는 절대 등급을 기준으로 삼습니다. 따라서 태양처럼 밝은 별은 겉보기 등급이 무려 −26.74등급이지만 절대 등급은 4.5등급입니다.

봄에는 봄철의 대 곡선인 북두칠성부터 목동자리, 처녀자리를 볼 수 있으며 여름철에는 독수리자리, 백조자리, 거문고자리를 볼 수 있습니다. 가을철에는 안드로메다 가족의 별자리 등을 관찰할 수 있으며 겨울철에는 오리온자리, 큰개자리, 작은개자리 등을 볼 수 있습니다.

찾아보기

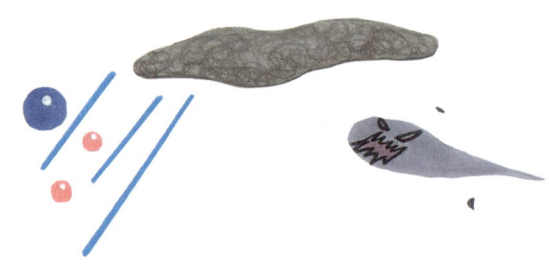

ㄱ

겉보기 등급 201
결핵균 98, 100
계절풍 196
고배율 10, 12, 49, 53, 55~58
고체 85, 108, 111
곤충 154, 156, 167~169
골다공증 40
공기 저항 137~138
공생 관계 158
광학 현미경 50, 57
광합성 40, 155~156, 158
구루병 40
구름 135, 140, 159, 161~162, 183~187
그믐달 175
금속 10, 12, 17~19, 122
기압 197
기체 85, 111

깔따구 169
끈끈이주걱 154, 156

ㄴ

나침반 24~25, 27
낙뢰 112, 114, 116
냉각 78
농도 92, 130

ㄷ

단세포 생물 158
대물렌즈 50, 53, 57,
대장 70
동물 48, 146, 149, 151~158, 167~168

ㅁ

막대 온도계 103, 105~106, 108
무게 81~83, 140
무척추동물 48

미생물 145, 149

미세 먼지 128, 131, 150

밀도 109, 111

ㅂ

방전 161

배율 51, 53, 57,

백혈구 47

백화 158

번개 115~120, 122, 161

변온 동물 48

병원균 97, 100

보름달 175

부피 82, 85~86, 107~108, 111

분해 68, 70, 72

비타민 D 40

빙산 85~86

빙하 85~86

뼈 34, 40, 42~43, 45~47

ㅅ

산성 68, 130

산성도 130

산성비 112, 124, 125

산소 40, 158

산호 153~156, 158

상태 변화 85

상현달 175

서리 187

석빙고 79

성에 187

세균 62, 94~96, 98, 100~101, 149

소장 70

소행성 182

소화 65, 68, 72, 97, 156

식도 66, 68, 72

식물 38, 40, 52, 113, 128, 130, 149~150, 152~158

식충 식물 156

실체 현미경 58

ㅇ

안개 140, 162, 183~188

압력 85, 104~105

액체 85, 92, 108~109, 111

어스선 → 접지선

열팽창 108

온도 40, 48, 75, 78~79, 85, 92,
　　　102~108, 135

용액 92, 111

용해 92

원시별 182

위 66, 68~69, 72

위산 68

위성 182

유산균 97~98, 100

육풍 197

음량 34

음정 34

이산화탄소 40, 154, 158

이슬 187

ㅈ

자석 10, 12, 14~27

자외선 148

자전 174, 180

작은창자 69~70, 72

저배율 55~56

적혈구 47

전염병 100

절대 등급 201

접안렌즈 50, 53, 55, 57

접지선 123

중력 85, 135, 137~138, 180, 182

진딧물 167~168

질량 85, 111

ㅊ

창자 66, 69

척추동물 48

천둥 116, 118, 159, 161

천둥소리 115, 119, 159, 161

초승달 162, 170~175

촉수 156

측우기 140

ㅋ

칼슘 47

큰창자 70, 72

ㅌ

태양 148, 175, 179~180, 182, 201

태양계 180~182

토성 178, 180, 182

ㅍ

파리지옥 154, 156

편광 현미경 58

편서풍 196

폐렴균 98, 100

포유동물 45~47

풍향 191, 196

프레파라트 51~53

피뢰침 120~123

피부 호흡 146

ㅎ

하루살이 164~169

하현달 175

항성 182

항온 동물 48

해부 현미경 58

해충 169

해풍 197

행성 178~180, 182

현미경 50~55, 57~58

혜성 182

황사 41, 128, 131

효모균 98, 100

사진 출처

서원호 / Wikimedia Commons / www.shutterstock.com

란자전거(서문)-구석구석 개념톡 과학톡-삽지-1도-344x240-무선-로-구60

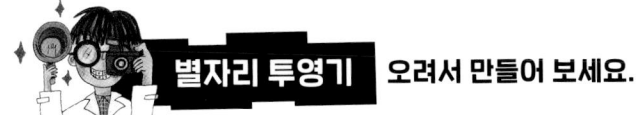

별자리 투영기 오려서 만들어 보세요.

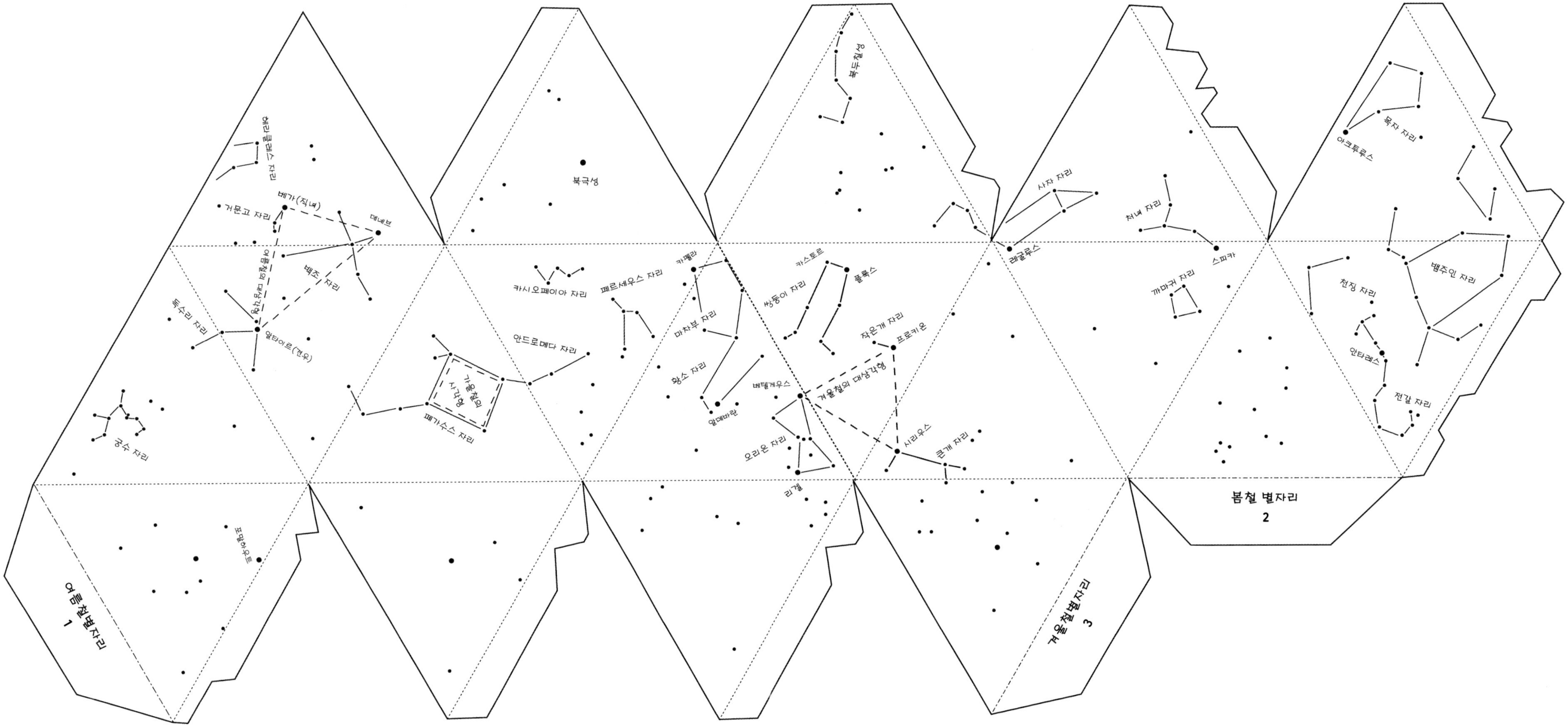